TARÔ CIGANO

TARÔ CIGANO

ANDRÉ MANTOVANNI

Ilustrações de Cristina Martoni

ISIS
EDITORA

Revisão de textos: Rosemarie Giudilli

Diagramação e capa: Décio Lopes

Foto do autor: Yuri Andreoli

Ilustrações: Cristina Martoni

Dados de Catalogação da Publicação

M 293 Mantovanni, André, 1980-

Tarô Cigano/André Mantovanni; ilustração de Cristina Martoni. – São Paulo: Editora Isis, 2015.
144 páginas; il. color. ; 21cm
Inclui baralho com 36 cartas.

ISBN: 978-85-8189-078-4

1. Tarô. 2. Cartomancia. 3. Ciências ocultas. I. Título

CDD 133.32424 CDU 685.811.6

Ficha catalográfica elaborada pela bibliotecária
Maria Cristina Ribeiro Peres, CRB-7/2037

Contato com o autor: www.andremantovanni.com.br

EDITORA ISIS LTDA
www.editoraisis.com.br
contato@editoraisis.com.br

EDITORA AFILIADA

Ser cigano é ser alegre.
É viver mais fácil...
É acreditar sem ver!

Autor anônimo

SUMÁRIO

Este livro é dedicado a todo povo cigano que, em sua essência e sabedoria, acredita na vida como um verdadeiro milagre de alegria.

A estes que fazem da fé uma virtude sagrada.

Em especial, à Esmeralda.

André Mantovanni

O Caminho

Quando o discípulo está pronto, o mestre aparece!

Foi assim que conheci Esmeralda, não por casualidade ou por simples coincidência, mas porque nosso encontro estava escrito nas estrelas.

Minha primeira Mestra espiritual era uma anciã de seu clã cigano, bruxa de alma e coração.

Com ela, tive a oportunidade de aprender muito sobre as ciências ocultas e magia. Conhecimentos secretos que conduzem os meus passos até hoje.

A mim ela ensinou lições preciosas e por isso devo-lhe infinita gratidão e respeito.

Aos 13 anos fui iniciado nos ritos da Tradição. Caminhamos por um longo período juntos até que um dia Esmeralda entregou parte da minha missão pessoal.

Invocamos o Grande Espírito. Estávamos ao redor da Árvore Sagrada, símbolo do tempo e da sabedoria, onde só os iniciados conseguem reconhecê-la. Esmeralda estendeu-me as mãos e entregou-me um baralho de Tarô muito antigo, impregnado de histórias ancestrais, proferindo palavras de poderes espirituais e em seguida completou:

> *Este Tarô é para você, pertence à minha mãe e ela está feliz que seja você o escolhido. Sabia que um dia iria encontrar o guardião deste legado. Em outras vidas você compartilhou de*

muitos conhecimentos que hoje lhe parecem secretos, mas seu espírito tudo sabe e tudo compreende. Tenha coragem e siga seu coração! Sei que estou rompendo com a Tradição do meu povo entregando-lhe tais conhecimentos, mas em sua alma moram o respeito e a bondade e você está predestinado a isso. Seja livre, faça com que esse conhecimento percorra o Mundo para que muitos se beneficiem da sabedoria dos meus ancestrais. Um dia, você compreenderá este meu gesto. Por enquanto, faça seu caminho.

O tempo fez seu percurso.

Hoje, anos mais tarde, desde meu primeiro encontro com Esmeralda, sinto-me pronto para fazer esta partilha.

Ao escrever e publicar **Tarô Cigano** tenho a convicção de que estou cumprindo o que Esmeralda tanto desejava e que, por algum motivo inalcançável para nossa compreensão humana, era esse o real propósito de nosso encontro.

ORIGEM CIGANA
A PEREGRINAÇÃO DE UM POVO ENCANTADO

MUITO SE OUVE FALAR SOBRE OS CIGANOS, mas pouco se sabe sobre suas verdadeiras origens. Quem sabe estejam aí os fundamentos para esse povo ser tão amado e aplaudido por alguns e ao mesmo tempo tão repugnado e odiado por muitos.

A princípio, não podemos afirmar que sabemos realmente de sua origem ou de como surgiu. Tantos são os mistérios que envolvem este povo que talvez eles tenham sido enviados por força dos deuses supremos que, independentemente de qualquer doutrina, estão sempre em um processo alquímico de recomeço.

Todas as informações que obtemos até o momento são consideradas meras suposições, cada uma com sua parcela de verdade, pois a cultura cigana sempre foi passada de geração a geração através da verbalização e não da escrita.

Como muitos acontecimentos da História não se mostram claros, precisos e esclarecidos, assim também é a trajetória, a proliferação e a culminação da cultura cigana.

Os ciganos guardam muitos mistérios e segredos que jamais os gadjôs[1] saberão, e mesmo aqueles que se misturam

1 *Entre os ciganos, qualquer pessoa que não pertença à sua etnia.*

a esta raça, pelo ato do casamento, continuarão ignorantes sobre muitos aspectos e crenças difundidas entre eles.

Para alguns estudiosos e pesquisadores, é certo que a origem dos ciganos tenha sido no Norte da Índia e na Caldeia. Essa afirmação é sustentada devido à semelhança de crenças, religiões e características físicas entre hindus e ciganos.

Mil anos depois do aparecimento do povo ariano no Norte da Índia, muitos exércitos invadiram suas terras, iniciando pelos gregos, depois pelos persas, citas e hamitas. Alguns anos mais tarde, hunos e mulçumanos também invadiram a região, causando assim grandes deslocamentos de diversas tribos que, com o passar do tempo, vieram a ser conhecidas por ciganos.

Entre o final do século IX e início do século X, um vasto número de nômades partiu de sua terra natal (Norte da Índia) para se fixar no Oeste e no Sul.

Registra-se a passagem dessas tribos em muitos lugares: Paquistão, Afeganistão e Pérsia.

Nessa jornada, dividiram-se em grupos distintos e alguns seguiram para o Norte, passando pela Turquia, por Bizâncio e por último pela Bulgária. Outros grupos partiram para o Sul, passando pelo Egito e pela Jordânia.

Por volta de 1348, muitos desses nômades eram encontrados junto a outros povos na Sérvia e espalhados pelo Sul, na região do Peloponeso, Corfu, Bósnia, Transilvânia, Hungria e Boêmia.

Já no início de 1400, percorriam a Europa Central; em 1417, ocupavam algumas regiões da Alemanha e, em 1430, alcançaram a Inglaterra e o País de Gales.

Nessa época, alguns consideravam essas tribos descendentes do antigo Egito pela semelhança das vestes coloridas e da pele morena.

Daí, então, passaram a ser conhecidos pelo termo Egyptians na Inglaterra, mais tarde sendo abreviado para Gyptians e em seguida para Gypsies.

Também foram designados como boêmios, tártaros, mouros e sarracenos, porém eram o resultado da miscigenação de várias tribos do Norte da Índia.

Outros estudiosos ainda associam as origens ciganas (mesmo que não aceita por muitos) à descendência dos judeus por terem em comum a peregrinação pelo mundo.

O que mais instiga tal afirmação é a possibilidade do Tarô Cigano (ou baralho cigano) ter como sua base o Tarô, que por sua vez tem sua origem intimamente ligada à Cabala (junção de todo conhecimento esotérico dos judeus).

Suas origens sempre permaneceram obscuras, e em volta delas se teceram lendas transmitidas por eles próprios ou criadas entre os povos por onde transitavam.

Apontados com o estigma de diferentes, andarilhos, ladrões e feiticeiros, os ciganos conquistaram seu dinheiro e toda sua sobrevivência através da dança, do canto e da leitura do futuro praticada pelas ciganas de cada tribo.

E há quem diga que foi da arte cigana que se originou o Circo, com todas as suas diversões e alegrias.

Muitos ciganos tornaram-se escravos e figuras indesejáveis entre a sociedade, e alguns relatos afirmam que em Paris, por volta do ano de 1420, sacerdotes religiosos excomungavam as pessoas que permitissem a leitura do futuro e tentassem saber previsões sobre seu destino. Nessa época, os ciganos eram considerados os profetas sombrios ou o povo de olhos selvagens.

Também possuíam muita habilidade em trabalhar com animais e tinham grandes conhecimentos sobre os metais. Para os ciganos, os animais e a natureza pertencem a todos que aqui na Terra vivem e ninguém pode se privar das alegrias que os mesmos oferecem.

Invadindo inocentemente a propriedade alheia, movidos por sua sede de viver alegremente e embevecidos em sua cultura, os ciganos ganharam então a fama e o título de ladrões.

Confundidos também com bruxos e feiticeiros sofreram muitas represálias, e lendas foram criadas dizendo que praticavam magia negra e possuíam um íntimo contato e pacto com o demônio.

Ainda sob a luz do preconceito do início do século XX, ciganos foram perseguidos de forma cruel e brutal, principalmente por nazistas fixados na França, no auge da Segunda Guerra Mundial.

Os ciganos chegaram ao Brasil por volta do século XVI, mais precisamente em 1574, vindos de Portugal e da Espanha.

Atualmente, vivem no Brasil mais de oitocentos mil ciganos que provavelmente se dividem em três grupos: o Callom, o Rom (sendo um dos maiores clãs) e o Manush.

Mas com toda certeza podemos afirmar que o povo cigano carrega em si o mistério, as forças da magia e a profunda sabedoria do Universo.

Livres como pássaros e amantes da natureza, compreendem a energia que existe entre o Criador e o homem.

E embora ainda não estejam ao nosso alcance as verdadeiras certezas sobre as origens ciganas, são a nós de grande contentamento suas lendas, costumes e histórias que sempre encantam e seduzem nosso destino rumo à felicidade.

Como surgiu o Tarô Cigano?

Acredita-se que o Tarô Cigano tenha sua base constituída a partir de inúmeras ciências esotéricas, sendo o resultado de uma somatória de conhecimentos trazidos do Tarô, Numerologia, Astrologia, Cabala entre outras.

Segundo sua Tradição, os primeiros tarôs ciganos foram criados e fabricados à mão e passados de mãe para filha, juntamente com o conhecimento dos mesmos, para que a continuidade deste legado permanecesse intacto. Podemos encontrar no Tarô Cigano imagens muito definidas de forte ligação do homem com a natureza, e de uma forma geral a influência que estas forças exercem em sua vida, e a síntese de um povo que respeita e acredita nas manifestações e interferências espirituais do Universo.

Também sabemos da necessidade que este povo sempre teve de se manter enraizado em suas tradições, lendas e costumes próprios, tecendo fios de uma história cercada de muita magia e encantamento, mas também de muitos mistérios. O Tarô Cigano é parte desse caminho e talvez este seja o principal motivo dos ciganos terem um oráculo próprio, que pudesse conter suas crenças, valores espirituais e sabedoria profunda, diferenciando-o dos oráculos utilizados pelos gadjôs. Muitos afirmam que o Tarô Cigano é uma síntese do baralho de Tarô tradicional, contendo em suas imagens e símbolos as mensagens dos Arcanjos Maiores e Menores, porém fica claro ao estudioso dedicado deste oráculo, que podemos encontrar correlações do Tarô Cigano com diversas fontes de conhecimento diferentes, indicando que estas cartas também são o resultado de peregrinação de um povo que aprendeu muito sobre a vida de centenas de culturas e povos por onde passou. Acredito também que as cartas sejam uma das contribuições mais importantes deste povo deixadas ao mundo, já que hoje pessoas pertencentes à Tradição ou não podem recorrer à sua sabedoria e evoluírem em sua jornada pessoal.

É claro que aos ciganos devemos atribuir os méritos de todo esse conhecimento espiritual acerca da vida do homem, porém a propagação, aprofundamento e difusão do Tarô Cigano entre os gadjôs, deve-se a uma grande estudiosa das ciências ocultas do século XIX, Madame Lenormand.

Marie-Anne Adelaide Lenormand era francesa e dedicou sua vida aos estudos das altas ciências esotéricas entre elas o Tarô, Numerologia, Alquimia, Astrologia, Cabala, Mitologia e, além de frequentar a alta sociedade francesa da época, também esteve entre os ciganos onde teve acesso a um legítimo Tarô utilizado por eles. Percebendo a diferença deste oráculo com os Tarôs tradicionais, Madame Lenormand decidiu, enquanto estudiosa, aprofundar seus conhecimentos e aprimorar aquele jogo de cartas, sendo publicado anos mais tarde e hoje conhecido por Baralho Petit Lenormand ou simplesmente Baralho Cigano.

Madame Lenormand faleceu aos 71 anos de idade em Paris. Em sua vida foi altamente respeitada como uma grande bruxa de seu tempo, sábia conhecedora das ciências ocultas e do misticismo. Sua fama era enorme, pois seus conhecimentos espirituais e previsões ajudaram na vida de pessoas ilustres daquela época. Napoleão Bonaparte, sua esposa Joséphine de Beauharnais, o cantor Garat, Jean Paul Marat e o pintor David foram algumas dessas personalidades as quais recorriam às previsões de Madame Lenormand. Vale lembrar ainda que as obras, escritos e estudos de Madame Lenormand, bem como seus baralhos (Petit Lenormand e Grand Jeu de Mlle. Lenormand) só voltaram a ser publicados cinquenta anos depois de sua morte. O motivo desses estudos terem desaparecido neste período é desconhecido e data-se que só a partir de 1893 é que todo este conhecimento voltou a circular pela Europa e por todo o mundo.

SINAIS, SÍMBOLOS E CORES

ANTES DE APRENDERMOS SOBRE A INTERPRETAÇÃO de cada carta em específico, é de muita importância que você conheça alguns elementos que compõem as figuras e a estrutura do Tarô Cigano.

Preste muita atenção, pois as informações citadas a seguir poderão lhe ajudar a bem mais compreender a simbologia e a enriquecer suas consultas. Geralmente, são delas que nos utilizamos para esclarecer alguns detalhes acerca das informações e as mensagens transmitidas pelo oráculo.

Todas as cartas do Tarô Cigano possuem seu significado fixo, porém as posições de figuras, cores, símbolos e sinais podem revelar detalhes importantes e ajudar você a criar novas abordagens para as futuras leituras.

AS POSIÇÕES

As posições das figuras de cada carta estão individualmente ligadas a diversas situações da vida do consulente, podendo nos ajudar a compreender bem mais detalhes importantes de uma consulta.

Lembrete: *Ao abrir as cartas para interpretá-las durante a consulta, elas deverão sempre ficar dispostas com as figuras voltadas para o oraculista.*

- **Figuras voltadas para frente**: simbolizam o presente.
- **Figuras voltadas para a direita**: simbolizam o futuro.
- **Figuras voltadas para a esquerda**: simbolizam o passado.
- **Figuras sentadas**: acontecimentos e mensagens que poderão demorar a acontecer. Lentidão.
- **Figuras em pé**: acontecimentos e mensagens que acontecerão rapidamente. Determinação e ação.

Lembrete: *As figuras sempre devem ser analisadas na posição correta, pois, no Tarô Cigano, não existem significados específicos para cartas invertidas.*

AS CORES

- **Amarelo:** riqueza, prosperidade, abundância e inteligência.
- **Azul:** proteção e tranquilidade.
- **Branco:** paz, harmonia, pureza.
- **Cinza:** maturidade e equilíbrio.
- **Laranja:** alegria, entusiasmo e felicidade.
- **Lilás:** espiritualidade e intuição.
- **Marrom:** a cor da terra e dos ganhos; o plano material.
- **Preto:** falta de energia, luto, tristeza, sombras, oculto.
- **Rosa:** amor e sentimentos.
- **Verde:** renovação, regeneração, esperança e cura.
- **Vermelho:** paixão, sedução, energia e coragem. Também representa a força dos instintos humanos e animais.
- **Violeta:** transformação e transcendência.

ALGUNS SINAIS E SÍMBOLOS

- **Água:** intuição e sentimentos; os desejos da alma.
- **Ar:** a mente, a inteligência e os conflitos.
- **Balança:** justiça e equilíbrio.
- **Barbas:** maturidade e sabedoria.
- **Borboleta:** renascimento, transformação e libertação.
- **Cachorro:** amizade e lealdade; sinceridade.
- **Castelo:** proteção e segurança. O mundo dos sonhos que é alcançado.
- **Chave:** solução, respostas.
- **Círculo:** a divindade, a eternidade e o conhecimento.
- **Coração:** amor e sentimentos.
- **Criança:** renovação e coisas novas; alegria.
- **Cruz:** o espírito e a matéria unificados.
- **Esfera dourada:** perfeição.
- **Espada:** a mente e os conflitos, a força das palavras.
- **Estrela de Davi (seis pontas):** os opostos que se complementam e se fundem.
- **Estrelas:** proteção, revelação e esperança.
- **Fogo:** ação do espírito e a fé.
- **Foice:** colheita e transformação.
- **Homem:** força e vitalidade; o lado prático da vida.
- **Joias e ouro:** riqueza, abundância e fortuna.
- **Leminiscata (o oito deitado):** o infinito, a eternidade.
- **Lua:** magia e mistério; a mãe e a mulher; os ciclos.
- **Mulher:** feminilidade, fertilidade e intuição.
- **Nudez:** pureza e despojamento.

- **Olhos:** percepção e visão.
- **Papiro:** palavra, algo de muita importância, sabedoria.
- **Pássaro:** notícias, liberdade e alegria.
- **Peixe:** riqueza, prosperidade.
- **Pentagrama (estrela de cinco pontas):** o homem perfeito dentro de seus cinco sentidos; proteção, espiritualidade e magia.
- **Pentagrama invertido:** a Magia Negra.
- **Plantas:** vida e renovação; esperança.
- **Pomba:** paz, tranquilidade e o espírito divino.
- **Quadrado:** a estrutura e a ordem.
- **Raio:** poder celestial.
- **Roda:** movimento, avanço.
- **Rosa (flor):** beleza, amor e pureza.
- **Serpente:** conhecimento e astúcia. Em alguns casos, aviso de cuidado.
- **Sol:** iluminação e consciência.
- **Tartaruga:** adivinhação, sabedoria e longevidade.
- **Terra:** a matéria e a concretização; lado prático da vida.
- **Torre:** isolamento, solidão e espiritualidade.
- **Touro:** fecundidade, força e vigor.
- **Triângulo:** com o vértice para cima é progresso e evolução; com o vértice para baixo, a regressão e a involução.
- **Trigo:** fertilidade, fartura e sustentação espiritual.
- **Uvas:** doçura, saúde e fertilidade.
- **Véu:** mistério e segredos; pureza e virgindade.

Lembrete: *Os sinais e símbolos citados são apenas alguns dos muitos detalhes que podemos ter para interpretar o Tarô Cigano.*

Essas são as figuras mais comuns e mais presentes em nosso dia a dia. Você poderá utilizá-las para enriquecer suas leituras e interpretações, assim como interpretar os sonhos dos consulentes e obter algumas informações importantes sobre a vida deles.

Recomendo ainda o aprofundamento e estudo dos assuntos desse capítulo através de outras fontes tais quais livros, cursos, workshops oferecidos em grande diversidade nos dias de hoje. Na referência bibliográfica desta obra consta uma lista de recomendações para leitura.

Os Números

Os números nunca surgem por acaso, por isso, é de grande importância que também saibamos por que eles estão em cada carta do Tarô Cigano.

O grande filósofo e matemático Pitágoras atribuiu aos números uma importância espiritual capaz de ordenar e significar as etapas do processo de evolução da Humanidade e do Universo. Cada número é uma manifestação simbólica cercada de sabedoria e de novas consciências, capazes de nos despertar para uma nova realidade interior.

De forma simplificada, leia abaixo os principais significados de cada número:

- **Número 1** - início, coragem, determinação e individualidade.
- **Número 2** - doação, gestação, alianças, emoções e partilha.
- **Número 3** - nascimento, expansão, comunicação e manifestação.
- **Número 4** - ordem, construção, estrutura e realização.
- **Número 5** - mudanças, libertação, experiência e sexualidade.
- **Número 6** - relacionamentos, afetos, responsabilidade e amor.

- **Número 7** - espiritualidade, busca individual, transformação e sabedoria.
- **Número 8** - recompensa, poder interior, eternidade (símbolo do infinito).
- **Número 9** - finalizações, purificação, entrega e espiritualidade.

Para a Numerologia ainda existem os Números Mestres 11, 22 e 33 que são considerados guardiões e sábios da humanidade – **11 (Mestre Visionário)**, **22 (Mestre Construtor)** e **33 (Mestre Doador de amor incondicional)**.

Ainda há o estudo do significado dos números compostos que é associado à Cabala e ao Tarô tradicional. Este estudo visa analisar as diferenças de um mesmo número vindo da soma de algarismos diferentes, por exemplo:

O número 1 vindo de um 28 (2 + 8 = 10 = 1 + 0 = 1) será diferente do número 1 vindo de um 37 (3 + 7 = 10 = 1 + 0 = 1).

Para esta pesquisa valemos não somente do significado da soma final, mas também de onde se originou esse resultado e o que isso poderá representar. Mas para isso, precisamos primeiro dominar o estudo dos números primordiais – 1, 2, 3, 4, 5, 6, 7, 8, 9, 11, 22 e 33 e seus significados fixos, para só depois adentrarmos a simbologia secundária ou a "**quintessência**".

Neste livro, teremos como proposta o estudo do Tarô Cigano e, por isso, recomendo também aos interessados em Numerologia a buscarem mais conhecimento e aprofundamento sobre o tema.

Procurei, de uma forma muito objetiva e concisa, incluir no significado da interpretação de cada carta tudo que pude descobrir e aprender sobre simbologia, cores, números e demais elementos que compõem o Tarô Cigano, na tentativa de unificar esses conhecimentos para que o leitor compreenda com facilidade tais ensinamentos e consiga efetivamente colocá-los em prática.

Aprendendo a desvendar os mistérios do Tarô Cigano

1 - O Cavaleiro

A Conquista

Elemento: Fogo *(ação do espírito sobre a matéria).*

Descrição e simbologia: Nesta carta, podemos ver um forte cavaleiro. Um cigano corajoso que monta seu cavalo com destreza e maestria em busca de algo ou do próprio destino.

Seu cavalo é branco, mostrando que sua missão é sempre de paz e que sua proteção é grandiosa.

As vestes do cigano são em vermelho (coragem), azul (proteção) e amarelo-ouro (inteligência e felicidade). Sua camisa está aberta, simbolizando que este cavaleiro é guerreiro e luta somente com o coração, com os próprios sonhos e desejos.

Com a mão direita ele segura uma espada apontada para o alto, indicando que tem conhecimento das leis divinas e espirituais.

Com a esquerda segura as rédeas que comandam o cavalo, simbolizando a necessidade de conduzirmos a vida com amor e sabedoria.

Seu olhar é confiante e projeta o futuro.

A estrada é o símbolo dos caminhos que percorremos durante a vida e, nesta carta percebemos que o cavaleiro a percorre sem medos ou aflições.

Ele está sob a luz do sol, que aquece o espírito e amplia a consciência, trazendo evolução.

Seu caminho é cercado de muito verde e natureza, mostrando que ele tem esperança e acredita em seus potenciais.

É o mensageiro, o portador das grandes revelações que habita entre o céu e a terra.

Significados gerais: Ponto de partida, início, começo, conquista, espiritualidade, atividade, ação, criatividade e força de vontade.

Missão de paz, novas perspectivas e novos projetos que estão a caminho para se concretizarem; ação do destino, fatos e acontecimentos inesperados, rapidez para resolver algum problema, solução, boas notícias e coragem.

A descoberta interior, algo que está a caminho, uma realização. A necessidade de descobrir os talentos e dons. Bons presságios, positivismo e progresso.

Sucesso e ascensão que só dependem dos esforços empenhados voluntariamente.

2 - As Pedras

As Dificuldades

Elemento: Ar *(a sabedoria e a inteligência para vencer).*

Descrição e simbologia: Nesta carta, vemos uma estrada que simboliza os caminhos que percorremos durante a vida em busca da felicidade. Nesta estrada podemos perceber que muitas pedras tentam fechar a passagem, porém elas podem ser divididas.

As montanhas que a cercam nos apontam os objetivos concretos e a vontade sincera de nossos corações para não desistir mas, sim, continuar o trajeto para encontrarmos as realizações da vida.

Estes pedregulhos nem sempre são colocados por outras pessoas ou situações externas da vida. Às vezes, nós mesmos somos os grandes responsáveis em construir barreiras e obstáculos por acreditarmos no fracasso e despendermos muita energia com o medo.

Ao mesmo tempo em que a estrada é confusa e tortuosa, o céu está azul e limpo, indicando a proteção e a necessidade de se ter confiança e fé.

Significados gerais: Aprendizado, amadurecimento, insegurança, crise, desgostos, obstáculos, discussões, desentendimentos, negatividade, dificuldades, problemas momentâneos que devemos superar e a necessidade de confiar na força interior, momento de reflexão antes de decidir ou fazer escolhas.

É um alerta de que algo não está bem, mas há condições de enxergar problemas sem dar a eles uma importância maior do que a necessária. Esta carta também aponta a necessidade de recorrer ao plano divino para encontrar ajuda e proteção ou, então, contar com o auxílio de pessoas amigas que tragam bons conselhos.

Neste caminho de pedras e obstáculos é necessário que se use estas barreiras como ferramenta para construir uma escada de ascensão e glória.

Não se deve tentar mudar o rumo agora, mas sim permanecer superando as dificuldades que surgirem e seguir em frente.

3 - O Navio

As Mudanças

Elemento: Água *(as emoções, a energia que flui naturalmente).*

Descrição e simbologia: Nesta carta, podemos visualizar um navio grande e suntuoso, mostrando sua importância e o seu vigor.

Em tons marrom e amarelo-claro, o navio mostra que ele é real. Vem para trazer a felicidade e a riqueza em algum aspecto, provavelmente afetivo/emocional. Num movimento de lentidão, ele faz sua viagem com equilíbrio e humildade, indicando que os responsáveis por esta jornada são sábios e leais. A tripulação acena com lenços vermelhos, indício de fé e de coragem para enfrentar as mudanças da vida. Mostram-se com total felicidade, contentamento e alegria.

O mar verde-azulado indica proteção, serenidade, tranquilidade, regeneração e vida.

As águas que levam este navio correnteza afora são os movimentos e as mudanças do destino que acontecem naturalmente.

Este navio trará novidades para quem o receber em seu porto.

Por trás dos navegantes existe um céu iluminado pelos raios quentes e acolhedores do sol que ilumina a mente e o coração, trazendo sabedoria e proteção para que todos sejam felizes.

Significados gerais: Mudanças, afetos, emoção, sensibilidade, novos horizontes, gentilezas, felicidade, autocontrole e busca do equilíbrio. O mundo espiritual e inconsciente.

A movimentação de novas e poderosas energias do bem. Grande empreendimento. Aqui as mudanças são lentas, porém duradouras e estáveis. Surpresas que chegarão como recompensas da vida e do empenho empregado no passado.

Futuro promissor, sinceridade, honestidade, progresso e realização.

Amor, lealdade, carinho e amizade fazem parte desta carta, trazendo a promessa de renovação. Lugares distantes, terras estrangeiras.

Pode também ser o indício de uma correção ou até mesmo um redirecionamento mais consciente em algum aspecto da vida.

Mesmo que tenhamos passagens difíceis na busca de um ideal, esta carta promete força e segurança para que a viagem prossiga em seu destino.

4 - A Casa

A Estrutura

Elemento: Terra *(o chão das realizações e a estrutura).*

Descrição e simbologia: Nesta carta, vemos uma casa simples, porém aconchegante, confortável e harmoniosa.

Possui uma forma igual a de um quadrado com um triângulo em cima, a ideia da unificação do céu e da terra. Esta forma também indica a estrutura e o poder para realizar o que desejamos.

Seu telhado é cinza, mostrando a maturidade e o equilíbrio presentes nesta casa. As janelas e portas são brancas, indicando a paz e a harmonia, e estão abertas para nos receber e acolher sempre. As paredes marrons mostram estabilidade e ganhos.

O jardim que cerca esta casa, cheio de flores coloridas, é o indício de boas energias, esperança e perfeição.

Significados gerais: Equilíbrio, estrutura, segurança, assuntos familiares, estabilidade, confiança e apoio afetivo. Valores morais, inflexibilidade, resistência para mudança, hábitos comuns.

É o anúncio de prosperidade, sucesso nos empreendimentos, felicidade e investimentos favoráveis.

Trabalho, organização, progresso, ganhos materiais, poder e realização.

Aqui nos deparamos, acima de tudo, com a necessidade de organizarmos e estruturarmos nossa vida nos campos emocional e interior, que muitas vezes se desequilibram com as preocupações do dia a dia.

Esta carta também fala do cotidiano, da vida prática e do equilíbrio constante que devemos buscar para viver melhor.

Pode representar a nossa casa ou a casa de alguém, a família, os parentes e até mesmo pessoas próximas de nós. Indica o local onde permanecemos mais tempo ou um local sagrado.

É uma mensagem de favorecimento, beneficiando nosso destino em muitos aspectos.

Aqui o equilíbrio poderá ser tanto espiritual quanto físico.

5 - A Árvore

A Partilha

Elemento: Terra *(o solo que fertiliza as sementes da vida e as concebe).*

Descrição e simbologia: Nesta carta, vemos uma paisagem muito bonita e agradável.

O chão forrado por plantas verdes nos sugere a ideia de renovação e vida.

As flores multicoloridas mostram a alegria do Universo e também são as energias de amor mais sublimes que nos cercam.

Uma árvore frondosa e cheia de frutos alaranjados indica a maturidade em colher o que já foi plantado. Embora esteja única em sua paisagem, ela deixa seus frutos à disposição de quem os merecer ou os desejar, indicando assim que a felicidade é para todos e que podemos compartilhar os ganhos.

Esta árvore é a semente que um dia foi plantada (os desejos quando nascem), cultivada constantemente (as nossas ações e empenhos para que os sonhos permaneçam vivos) e, finalmente, representa os frutos que são colhidos (os desejos cumpridos e realizados).

É preciso compreender que esta árvore é viçosa, cheia de galhos e folhas verdes, indicando o renascimento, a vida que invade a própria vida, os vários meios que se pode vencer com honestidade e, acima de tudo, as grandes oportunidades do destino.

O tronco marrom sinaliza segurança, estabilidade em amadurecimento. A árvore também sugere ligações profundas com a Mãe Terra (Raízes) e contato direto com o Pai do Céu (galhos e folhagens), sendo dessa forma o eixo do mundo.

Significados gerais: Compartilhar, fraternidade, maturidade, estabilidade, renascimento, vida, necessidade de doação e recebimento, trocas justas e leais. Desapego, abnegação, altruísmo e doação incondicional. Boa saúde, cura.

Fartura, ganhos, colheita, riqueza, acontecimentos frutíferos, divisão, sabedoria, fertilidade, realização, riqueza, prosperidade, alegria e triunfo.

A necessidade de partilhar o que se ganha, pois a felicidade deve ser para todos e ao mesmo tempo, criar raízes.

Conspiração positiva do Universo, recebimento após plantio e cultivo dos verdadeiros desejos e sonhos. Pode ainda indicar maturidade e ligações familiares (origens). Longevidade e espera que irá valer a pena.

Capacidade para materializar/realizar objetos e ideais. Ascensão, evolução e progresso lento, porém com solidez.

6 - Os Ventos

Os Conflitos

Elemento: Ar *(a mente e os conflitos).*

Descrição e simbologia: Nesta carta, vemos uma tempestade de vento levantando a poeira do chão, indicando que a confusão existe e é real.

O céu nublado mostra a dificuldade em achar uma solução e a escuridão dos pensamentos diante da vida atual.

O vento que sopra ferozmente é a simbologia da nossa mente que a todo instante se modifica. Esta ventania inquieta e avassaladora indica os impulsos, a inquietação, a turbulência que precisa acontecer para que coisas sejam reformuladas e colocadas em seu devido lugar.

Os traços confusos demonstrados nesta figura também sugerem a ideia de insegurança, irritabilidade e instabilidade emocional.

O chão ávido está ressecado, mostrando a dificuldade de continuação da vida quando permanecemos presos a ideias, pensamentos e crenças ultrapassadas.

Significados gerais: Dúvida, momento de indecisão, confusão, conflitos interiores e situações instáveis. Facilidade em criar problemas (tempestade em copo d'água) e falta de clareza.

Os problemas materiais e terrenos que estão interferindo no equilíbrio poderão interferir na área emocional e espiritual.

Em uma interpretação, esta carta geralmente não é vista como um resultado final, mas sim como uma passagem, um momento transitório que, embora aparentemente negativo, é extremamente necessário para o crescimento e o amadurecimento interior.

Aponta para um momento da vida em que conclusões não devem existir para não trazer arrependimentos futuros.

Indica a ansiedade e os problemas de saúde cujas causas podem estar no plano mental (crenças negativas, padrões cristalizados). Turbulência passageira, necessidade de ampliar a visão interior frente às dificuldades. Esta tempestade que se aproxima pode ser uma oportunidade de purificação e limpeza para que o solo árido seja irrigado e volte a produzir.

7 - A Serpente

As Traições

Elemento: Ar *(a sabedoria e a inteligência, a perspicácia e a agilidade mental).*

Descrição e simbologia: Nesta carta, vemos uma grande serpente enrolada pronta para atacar quem cruzar seu caminho.

Sua cor amarelada indica que ela pensa para agir e que sua perspicácia mental é muito forte. Seu olhar é fixo, mostrando que seu ataque é certeiro e premeditado. O verde que cobre a grama do chão indica necessidade de regeneração e transformação.

Sua língua é preta, revelando que ela só mostra (fala) o que lhe convém para seduzir suas presas e que suas mensagens são negras, obscuras.

As presas grandes e afiadas simbolizam a ira, o veneno, a maldade e o dissabor que ela guarda consigo. O céu é escuro e não há estrelas para iluminá-la, revelando que sua atitude traidora é terrena e mundana.

A serpente, no Oriente, é considerada o símbolo da sabedoria, do conhecimento sem fim e, no Ocidente, é o símbolo do mal e da traição. Talvez aqui possamos unir as simbologias e usar a inteligência para nos livrar de qualquer maldade ou perigo oferecidos pelas serpentes que encontramos em nosso destino.

Significados gerais: Traição, falsidade, desonestidade, fofocas, agressividade, raiva, ódio, intrigas, discussões, perdas desleais, desestruturação, discórdias, brigas, pessoas de mau caráter que cruzam o caminho, conflitos e desavenças. Autossabotagem, traição de si mesmo, necessidade de não se deixar envenenar.

Geralmente, os perigos anunciados por esta carta são premeditados, planejados e conscientes quando vindos de uma pessoa para nos atrapalhar.

Saúde fragilizada e problemas que sempre vão e voltam.

Usar a inteligência e a perspicácia mental para alcançar a sabedoria e se precaver dos muitos perigos oferecidos e vividos.

Não é um aviso positivo em nenhum momento, principalmente para questões materiais e afetivas. Prevenir-se contra energias maléficas vindas de circunstâncias externas. Ter coragem para enfrentar uma situação de perigo revelado. Necessidade de defendermos nossos objetivos. Pode ainda trazer a mensagem de que precisamos conhecer e transformar nossas trevas interiores para fortalecer o poder pessoal.

8 - A Morte

O Fim de um Ciclo

Elemento: Fogo *(a regeneração, o espiritual)* e Terra *(o corpo, onde tudo nasce e morre).*

Com estes dois elementos vemos que o corpo pode morrer, mas a essência continua.

Descrição e simbologia: Nesta carta, vemos um túmulo de um cemitério cercado por uma paisagem que lhe traz a sensação de paz e repouso.

A cruz em cima do túmulo simboliza vitória e ascensão para uma nova vida. A morte sempre foi vista como término e ruptura final e radical, mas, para os ciganos, a morte é o sinal de uma nova vida que se desperta, um novo estágio para o espírito e para a alma evoluir.

As flores amarelas que vemos em volta do túmulo mostram que esta passagem será feliz e plena, cheia de recompensas. Ao contrário do que costumamos ver (um cemitério sombrio, cheio de sujeira e escuridão), aqui percebemos o contraste: um lugar tranquilo, harmonioso e que, embora seja a representação da "morte", confortamo-nos com a alegria de uma nova esfera e um novo ciclo. Sob a luz do dia, nesta figura as perdas são vistas como vitórias e tidas por necessárias. O sol aqui mais uma vez tem presença marcante e especial, indicando a conscientização e a aceitação verdadeira dos acontecimentos da vida e das "mortes", que constantemente ocorrem em nosso destino.

Sete borboletas violetas voam em volta das flores simbolizando a transformação como sinônimo de liberdade plena.

O túmulo que guarda o caixão está intimamente ligado à terra, local das metamorfoses e alquimia. O refúgio que guarda a transformação do plano físico para o despertar espiritual.

Significados gerais: Mudança radical, algo que perdeu a vida ou a importância, conclusão, pode ser perdas materiais ou espirituais, términos, rompimentos, separações, fim de um ciclo para começo de outro, as mudanças que precisam de alguns fins necessários e inevitáveis. Rupturas que são certas, uma fase que acabou e a necessidade de substituí-la para uma evolução contínua.

É a putrefação de tudo que é velho, desnecessário e fútil para o crescimento interior. Na vida tudo fecunda, nasce, vive, amadurece e morre para renascer outra vez, passando assim por todos os processos de transmutação.

Não representa morte física, nem a morte como um fim trágico, mas como meio para o renascimento.

9 - O Ramalhete

A Felicidade

Elementos: A fusão da Terra *(as realizações)* e da Água *(os sentimentos puros e cristalinos)*.

Descrição e simbologia: Nesta carta, vemos um lindo ramalhete de flores do campo multicoloridas, com a predominância do amarelo e do laranja demonstrando a alegria de viver e receber as grandes recompensas da vida.

Flores vermelhas também estão presentes, trazendo a vibração de boas energias e a aceitação do que vem para nos fazer mais felizes.

As folhas verdes indicam renovação, esperança, triunfo, cura dos males da alma e sentimento de gratidão.

O laço branco que envolve este ramalhete é o símbolo da espiritualidade, da proteção e da verdade, demonstrando também que as boas energias são duradouras.

O fundo rosa-claro que compõe o cenário indica a tranquilidade dos sentimentos puros e do amor em sua plenitude.

Os raios dourados que emergem desse ramalhete são o indício de muitas surpresas, riqueza e abundância.

Essas flores são a força da natureza manifestada em sua perfeição e o equilíbrio que chega como um presente dos céus para somar, multiplicar e extasiar o espírito com novas energias.

Significados gerais: Felicidade, bênção, contentamento, gratidão, conquistas amorosas, ofertas, amadurecimento, momentos de extrema realização, alegria, triunfo, glória, amor universal, altruísmo, bem-estar, oportunidade, fraternidade, otimismo, jovialidade, sabedoria e evolução espiritual.

Cura, entendimento, compreensão, satisfação, recompensas, sinceridade, sentimentos verdadeiros e amizades leais.

Êxtase espiritual, proteção e novos tempos de harmonia.

Resultados favoráveis e surpresas que surgem em muitos aspectos de nossa vida.

Um aviso de boa-sorte, de colheita e de ganhos surpreendentes.

O ramalhete também traz a mensagem de trocas justas e sinceras.

10 - A Foice

As Transformações

Elemento: Terra *(de onde os frutos nascem e voltam adubando o solo para que haja o renascimento e a transmutação).*

Descrição e simbologia: Nesta carta, vemos uma plantação de trigo (que origina o pão – fonte da vida) e ao mesmo tempo uma foice, que corta o trigo numa simbologia perfeita de transformação em que a vida se funde com a morte e vice e versa.

A foice é cinza, indicando que seu corte só acontece na hora certa e no tempo exato, e seu cabo é marrom, mostrando uma decisão importante, consciente e necessária.

Esta foice simboliza, em sua plenitude, os cortes que acontecem no destino e que resultam num processo alquímico de transformação.

Os trigos amarelos representam a abundância, a continuidade, a riqueza, a fartura e a vida.

O céu azul-claro é o indício de proteção e nos faz compreender que os cortes estão sendo feitos por intermédio da vontade divina para que haja limpeza e renovação positiva em vários níveis e esferas. Esta foice corta o trigo, símbolo de fartura, para que possa acontecer a transformação do trigo em farinha e desta em pão, que dará o sustento e a energia para a continuidade do ciclo da vida.

O solo é verde e fértil, pronto para receber novas sementes, e logo demonstrará a energia de transformação à qual foi submetido.

Significados gerais: Transformação, abertura de caminhos e uma era de libertação do que é angustiante e sofredor.

Corte dos medos, transformações práticas e interiores.

Desgastes e preocupações que terão fim.

Reavaliação, reformulação e um processo de crescimento pessoal. A entressafra.

Uma passagem, um período de transição que resultará em renovação positiva.

Os cortes que aqui são anunciados são para o bem e não são a conclusão final.

A foice indica um momento em que todas as transformações são bem-vindas e que algo precisa ser mudado rapidamente para evitar sofrimentos e angústias no futuro.

11 - O Chicote

A Força

Elemento: Terra *(o domínio, o poder concretizado na matéria)* e Fogo *(a força do espírito).*

Descrição e simbologia: Nesta carta, vemos um chicote com um cabo preto simbolizando que ali não existem sentimento, desejo ou vontade manifestada, mas sim o poder secreto que cada um carrega consigo.

A cor preta também simboliza forças misteriosas e ocultas que regem nosso destino. As hastes do chicote são vermelhas, indicando a energia instintiva, sexual e humana, uma expressão clara de força e dinamismo.

O cenário é sombrio: a noite com a lua minguante aponta para a necessidade de purificação e a harmonia das forças maléficas que perturbam o espírito e a matéria.

O chicote (o poder) revelado neste momento traz o aviso que devemos sobrepor com sabedoria a razão (homem, mente e pensamento) aos instintos (animal e irracional) para nos livrarmos de todas as amarras. Este instrumento geralmente é usado para domar e castigar animais e aqui adverte para a necessidade de dominar os impulsos. Assim como a magia, esta carta adverte para os perigos, os acertos e os erros que se pode obter com o poder da vontade para concretizar objetivos e desejos.

Este chicote é o símbolo da força e da agilidade, a capacidade de usar a inteligência para as forças do bem.

Significados gerais: Força, necessidade de equilíbrio entre razão e instintos, mente, forças ocultas controladoras, magia mental que edifica ou destrói, esforços empenhados para alcançar metas e objetivos. Autopunição, agressividade, discussões, possessividade, sadomasoquismo. O pensamento, a inteligência e a agilidade que devem ser inclinados para o bem. Revela que podemos descobrir novos horizontes se desenvolvermos qualidades positivas dentro de nós. Instintos humanos, carne, desejo ardente, sexualidade e vitalidade.

Energias que devem ser empenhadas para o progresso, controle, domínio, capacidade para vencer desafios. A força e o poder interior para resistir aos obstáculos e continuar a jornada.

Dogmas, inquietação, autoridade, autoritarismo, valentia, exagero, disputas, abuso de poder, imposição.

12 - Os Pássaros

As Alegrias

Elemento: Ar *(a liberdade da alma que voa destemidamente).*

Descrição e simbologia: Nesta carta, podemos perceber pássaros amarelos e brancos voando livremente na imensidão de um horizonte sem fim.

Estes pássaros representam a força do espírito, a alegria de viver e a paz que conforta a alma para a eternidade. O céu azul e ensolarado indica a proteção e a fé na vida. O sol aquece o coração e nos revela a verdade absoluta dos desejos que são cumpridos e realizados para o bem de todos.

Voando em um conjunto de pássaros felizes, eles nos mostram a importância da fraternidade e do companheirismo com o Universo e, principalmente, com nosso interior. Aqui percebemos que eles cantam alegremente, cortando os males e as energias negativas da vida, preenchendo nossa alma com boas vibrações, suavidade e beleza. É a energia mais pura para que desperte no espírito um estado de graça e encanto. O voo é destemido, cheio de harmonia, felicidade e simplicidade. A beleza que percebemos nesta figura nos aponta o amor, a ternura, o carinho e as surpresas que a vida nos oferece constantemente. Como sabemos, os pássaros sempre estão associados às boas notícias, ao senso de liberdade, à bondade, ao bom humor e ao vigor. Seus sentimentos são cristalinos e seu canto é a música que dá vida ao mundo de que todos nós desfrutamos.

Significados gerais: Felicidade, alegria, contentamento, romance, vitória, liberdade, entusiasmo, triunfo, desejos realizados, surpresas, amor, ternura, sorte, verdade e harmonia.

Necessidade de prestar mais atenção às coisas simples da vida, aos sentimentos, ao encanto, à espiritualidade, à pureza, às boas intenções, à cordialidade, à jovialidade, ao companheirismo e à ajuda que chega sem esperarmos. As notícias e energias positivas que nos visitam como um sopro de boaventura. Proteção, coragem, elegância, suavidade e beleza. A alma que voa em busca de seus sonhos mais profundos e realiza-os com vontade e determinação. O canto que entoa as realizações como um todo, porém sem anunciar acontecimentos passageiros. Liberdade, novos horizontes, ousadia, simplicidade, viagens e aventuras felizes. Mostra que podemos ir muito além dos horizontes comuns ou conhecidos.

Os pássaros também podem indicar espiritualidade e os estados superiores de consciência da alma.

13 - A Criança

A Sinceridade

Elemento: Água *(os sentimentos transparentes e verdadeiros).*

Descrição e simbologia: Nesta carta, vemos duas crianças que brincam e sorriem para a vida. Elas estão à beira de um riacho que é cercado por plantas e flores coloridas.

As águas que correm neste riacho são transparentes e fluem com naturalidade, indicando que os sentimentos que estão regendo a vida das duas crianças são verdadeiros, espontâneos e honestos.

As flores fortalecem as alegrias da vida e as plantas verdes e vivas ressaltam a esperança.

As crianças brincam unidas; demonstram a vontade, o vigor e o amor que uma sente pela outra sem interesses egoístas. Permanecem ali pelo simples desejo de viverem em alegria.

Estão com roupas simples, sem adornos ou riquezas, numa alusão ao que se pode carregar de mais valioso dentro de si – a sinceridade e a bondade.

Estão descalças com braços, mãos e pernas descobertos, revelando assim a vontade de criar, evoluir, viver e produzir novas energias.

O céu irradia a força do sol que, com seus raios, ilumina a alma para que elas sigam o caminho correto.

De uma forma geral, as crianças aqui representam a transparência, a ingenuidade, a inocência e os sentimentos mais puros contidos em nosso coração.

A paisagem sem fim indica a "criança interior" que carregamos eternamente na alma.

Significados gerais: Sinceridade, beleza, renovação, harmonia, infância, lúdico, amor, amizade, coisas novas, espontaneidade, transparência, inocência, verdade e boas energias. Ausência de medos.

Sentimentos bons, os filhos, uma criança ou até mesmo uma gravidez que chegará. Surpresas, alegrias e novos ciclos que serão vividos sem sofrimento. Por outro lado, esta carta nos adverte quanto à falta de responsabilidade ou imaturidade diante de algumas situações. É a necessidade de estarmos abertos para novos ensinamentos e a verdadeira disposição interior para experimentarmos novas situações.

O entusiasmo e a vida de nossa "criança interior" que nos conduz constantemente no trajeto da vida. É o convite para que fiquemos sempre abertos para as experiências do mundo.

14 - A Raposa

Os Cuidados e as Armadilhas

Elemento: Ar *(a agilidade mental, o pensamento e o raciocínio lógico).*

Descrição e simbologia: Nesta carta, vemos uma raposa sob a luz da lua escondendo parte de seu corpo atrás de uma árvore que cruza um caminho.

A noite é sedutora, iluminada com os raios cor-de-prata, porém perigos se ocultam sem que muitas vezes possamos perceber ou enxergar.

Os olhos da raposa e as orelhas estão alertas, averiguando e velando tudo à sua volta.

Ela parece amigável, mas guarda dentro de si a vontade de traição e de golpes certeiros.

A paisagem é agradável e convidativa, mas abriga uma grande armadilha que pode de fato prejudicar.

Em seu simbolismo, a raposa oferece uma situação traiçoeira e perigosa. Ela somente mostra o que lhe convém e não mede consequências para atingir seus objetivos.

Sua cor avermelhada mostra que ela planeja, pensa em como agir na hora certa e seu desejo é cruel.

Por mais que possa parecer indefesa, seus instintos são mais fortes para ludibriar, enganar e seduzir.

O chão é árido, mostrando que ali não há solo fértil.

Significados gerais: Golpes, armadilhas, falsidade, mentira, engano, cuidado, astúcia, prejuízo, eventibilidade, galanteios ilusórios que nos levam a perdas, planos, roubo, algo que tenta ser o que não é, invenção sobre algo ou alguém para alcançar o próprio benefício e acima de tudo tirar vantagem. Estratégia, artimanha, esperteza e sagacidade.

Esta carta adverte para os cuidados e os perigos que podemos passar em determinadas situações ou até mesmo sobre as pessoas que nos cercam.

Os inimigos ou momentos de perdas por intermédio de ciladas nas quais caímos por confiar em pessoas desonestas e desleais. É o alerta e a necessidade de planejarmos bem nossos objetivos.

Lembra-nos dos cuidados com negócios ilícitos, malícia, coração frio, atitudes calculistas. Porém, revela que ainda há energia suficiente e inesgotável para que todos os objetivos e metas sejam mantidos, portanto o consulente deve se utilizar de recursos interiores para prosseguir no avanço de seu caminho.

15 - O Urso

A Falsidade e as Angústias

Elemento: Terra *(os desejos mundanos e terrenos).*

Descrição e simbologia: Nesta carta, vemos um urso grande e aparentemente inofensivo que repousa tranquilamente à frente de uma caverna escura e sombria.

Este urso, apesar de não mostrar perigo, está atento e sua vontade de atacar quem precisar faz parte de seu instinto animal.

A caverna que ele guarda esconde o lado negativo da vida, a escuridão, o ciúme, a inveja, a cobiça e a Magia Negra.

Vem em nome do domínio instintivo e animal, da força de energias contrárias, e sua defesa é de agoniar e angustiar suas presas.

O urso defende seus interesses com "unhas e dentes" e, com seu abraço mortal, pode esmagar e cravar suas garras afiadas em qualquer um.

Este urso é negro, indicando a falta de sentimento verdadeiro, há falsidade e frieza em suas intenções.

As plantas que brotam no chão revelam a importância de deixarmos as coisas se regenerarem e reciclarem para que a verdade seja o remédio de todos os males da vida. O verde também indica esperança e vida para combater as condições negativas que venham nos prejudicar.

Os aspectos escuros desta carta, tanto caverna, quanto a noite sem luar, indicam os mistérios negativos da alma.

Significados gerais: Frieza, magia, feitiço, irracionalidade, mau-olhado, explosão, inveja, cobiça, infortúnio, hibernação, perdas, agressividade, energias maléficas, falsidade, angústia, agonia, inquietação, paixões violentas e oportunistas, influências negativas do astral ou de pessoas maldosas, pragas, mentira, ilusão, despeito, traição, ciúme, interesses mesquinhos e egoísmo.

Uma carta que alerta sobre a necessidade de purificação e "limpeza" espiritual.

Força bruta que necessita de lapidação e transcendência.

Mergulho nas próprias sombras para que haja domínio sobre as forças selvagens instintivas. Necessidade de cuidar do poder pessoal.

16 - As Estrelas

A Iluminação e a Sorte

Elemento: Fogo *(a chama do espírito vivo e latente no Universo).*

Descrição e simbologia: Nesta carta, vemos um céu estrelado e iluminado pelas forças do plano astral. As estrelas de cinco pontas indicam a perfeição, os cinco sentidos do Ser que se realiza dentro das muitas possibilidades de ser feliz. O brilho de todas elas aponta que os desejos serão atendidos e que a sorte se aproxima de alguma maneira. Essas são as estrelas que iluminam o povo cigano durante suas peregrinações pelo mundo afora.

Ao redor delas forma-se um círculo de luz amarelo--ouro que invoca as forças da bondade e revela que sua luz pode ser para a eternidade na vida de todos que nas estrelas acreditarem. Sobre o chão encontramos um baú aberto que guarda os tesouros da vida e a luz que dele irradia mostra a plenitude da alma que consegue reencontrar a elevação. Neste baú não vemos joias, nem ouro, nem prata, mas sim a riqueza espiritual que todos nós podemos alcançar durante nosso destino e que se encontra em nossos corações.

É o símbolo da fé, da verdade, da harmonia e do amor que brota no interior de cada alma que segue os caminhos indicados pelas estrelas. O céu é azul-anil, cor que fortalece a proteção divina e a tranquilidade, confortando a alma, a mente e o coração.

Significados gerais: Iluminação, sorte, força espiritual, bênçãos, proteção, vida nova, evolução, perfeição, otimismo, esperança, fé, proteção, boas influências, poderosas energias e exaltação. Motivação, confiança e progresso.

Beleza, simplicidade, amizade, sinceridade, progresso, dificuldades que são superadas.

Felicidade, harmonia, paz, equilíbrio, vontade, ânimo, o tesouro espiritual, amor, carinho e afetos. Também nos orienta que devemos cuidar de nosso brilho pessoal e autoimagem. O que está predestinado em nossas vidas, o resgate, o elo espiritual que nos une positivamente à alguma situação ou a pessoas.

É a necessidade da fé como um caminho condutor para a plenitude verdadeira. A vida que invade a vida num sinônimo de elevação espiritual.

O despertar para nova possibilidade, inspiração divina e merecimento. Esta carta, em alguns casos, pode indicar o excesso de "estrelismo", glamour e deslumbramento.

17 - A Cegonha

As Novidades e as Surpresas

Elemento: Ar *(a renovação e o vento que sopra para o bem).*

Descrição e simbologia: Nesta carta, vemos uma cegonha que pousa sobre um campo verde à beira de um lago.

A cegonha branca e límpida indica pureza, missão de paz e boas notícias. São as surpresas que chegam em nosso destino para nos fazer mais felizes.

Sua força e vitalidade são evidentes e carrega consigo as intenções mais puras de um novo ciclo.

Em seu bico vemos um trevo de quatro folhas que indica a boa sorte e a abertura de caminhos.

O céu é claro e iluminado, demonstrando a espontaneidade com que as coisas boas acontecem e fluem no caminho de cada um.

O campo verde-oliva indica a renovação, a esperança e a regeneração da vida.

O lago é de água doce e cristalina, revelando um momento de verdade, sentimentos bons e calmaria.

As águas azuis são o indício da harmonia e do aconchego para que as dificuldades desapareçam.

Significados gerais: Novidade, surpresa, notícias, algo novo que em breve ocorrerá, novos caminhos, notícias, gravidez, algo inédito e surpreendente.

Pureza, paz, felicidade, harmonia, viagens, aceitação da vida, oportunidades, bons presságios, revelação e ousadia.

Um convite para vislumbrar o futuro e deixar o passado para trás.

Novos desafios e coragem para enfrentar a vida. Liberdade e libertação das dores e sofrimentos.

A vida que é anunciada com novas alegrias. Bons presságios.

18 - O Cão

A Fidelidade e a Lealdade

Elemento: Água *(a pureza de todas as intenções, os sentimentos verdadeiros).*

Descrição e simbologia: Nesta carta, podemos perceber que um cachorro está sentado esperando para dedicar seu amor incondicional e sua amizade.

Sua cor é marrom-claro, mostrando que ele é cheio de humildade e seus sentimentos são reais.

Seu olhar é sereno, alegre e cheio de carinho.

Suas patas estão firmes no chão, simbolizando que ele pensa e age consciente de sua vontade.

Firme e atento, ele parece guardar algo em frente à sua casa amarela, ou melhor, ele faz questão de demonstrar que consigo está o verdadeiro tesouro da vida, que é a sabedoria e o amor.

O cão é ágil, esperto e sabe realmente trabalhar em comunhão com a mente e o coração.

A roseira que está ao seu lado esquerdo indica os sentimentos, a pureza e a lealdade que o cão representa.

Está em estado de alerta e prontidão, de servidão e espera, conseguindo, assim, ajudar quem realmente precise ou mereça sua amizade.

Significados gerais: Lealdade, amizade, companheirismo, verdade, apoio de pessoas leais e com as quais poderemos contar, ajuda, respeito, pureza, sentimentos, honestidade, carinho, amor incondicional, humildade, sabedoria, esperteza, agilidade, defesa, o guardião, uma proteção significativa que trará sorte e alegria. Compreensão e compaixão.

Relacionamento feliz e harmonioso, sinceridade, o aliado, alguém que nos defende dos perigos da vida, confiança, serenidade e dignidade.

Quando esta carta aparece no destino de alguém, sempre sugere os indícios de coisas boas que trarão progresso e alegria, seja por intermédio de alguém ou de alguma situação.

19 - A Torre

A Proteção e a Espiritualidade

Elemento: Fogo *(a chama que mantém viva e acesa a ascensão do espírito).*

Descrição e simbologia: Nesta carta, vemos uma torre muito bonita construída pacientemente ao longo do tempo. Ela é alta, simbolizando que seus poderes são espiritualmente elevados. Sua cor cinza demonstra a firmeza com a qual foi edificada.

Em seu topo, podemos perceber algo semelhante a uma coroa, que indica a força dos pensamentos ativos e positivos, o símbolo perfeito da majestade interior, o poder e a captação de energias positivas. À sua volta, vislumbramos um imenso jardim onde flores brancas e lilases sugerem a paz, a renovação e a tranquilidade do espírito.

Uma brisa suave de encanto e beleza embala pássaros no horizonte, fortalecendo assim a ideia de liberdade e leveza da alma para voar em busca da verdadeira felicidade. Alguns consideram esta imagem como a Casa de Deus, que nos conforta e nos acolhe. Nesta carta não vemos riqueza material, apenas uma torre construída com poucos elementos, mas que, na verdade, representa tudo aquilo que podemos solidificar em nosso interior: nossos valores espirituais, nossas virtudes e o conhecimento profundo do próprio "Eu".

O céu é azul-claro, indicando proteção absoluta e desapego das coisas materiais, como uma oportunidade sincera de evoluir o espírito. Esta torre guarda o mundo espiritual, o universo interior que cada um carrega consigo e toda energia necessária para desnudar a alma dos invólucros que algumas condições negativas da vida criaram.

Significados gerais: Proteção, o mundo espiritual, fé, reavaliação, inteligência, a essência, poder astral, a alma, o próprio Eu, a verdade, desapego das coisas do mundo humano e material, renovação dos conceitos e valores diante da vida, pensamento ativo, estudos, pesquisas, sabedoria, mudança de opinião, desapego do passado, paciência, espera e abandono de coisas que já não possuem um espaço importante. Equilíbrio e estrutura. Isolamento saudável e reciclagem. Esta carta traz uma mensagem valiosa, importante sobre tudo que podemos ser internamente e o quanto ganhamos em nos conhecermos melhor. É a representação da essência da alma, o eu interior. Humildade, respeito e a necessidade de ouvir a voz interior, a intuição. A solidão em forma de caminho para se autodescobrir e amadurecer. Responsabilidade e conquistas que dependem de longa espera.

20 - O Jardim

O Plantio

Elementos: Terra *(o solo interior que plantamos todas as sementes da vida)* e Água *(a sinceridade que habita em nossas ações e sentimentos).*

Descrição e simbologia: Nesta carta, vemos um jardim com algumas flores e plantas já vivas e repletas de harmonia.

A grama verde que cerca este cenário é o símbolo da necessidade de gratidão, remissão e regeneração de tudo que sentimos, pensamos ou da forma como agimos. Também nos traz a esperança de tempos melhores na grande colheita da vida.

As flores são coloridas e variadas, representando assim tudo que aprendemos e esperamos em nosso destino.

O solo é fértil, indicando que na vida o que se planta é colhido em algum momento.

Esta paisagem é clara e aponta para a necessidade de fazermos tudo com consciência e lealdade conosco mesmos.

Este jardim foi mexido, trabalhado e sugere a ideia de reforma interior, de limpeza e regeneração da alma.

Para que um jardim permaneça florido, é importante ficarmos atentos para a retirada das ervas daninhas e pragas que possam nascer a qualquer momento.

É o símbolo perfeito do jardim que habita nossos corações e que, durante a jornada pela vida, vamos cuidando e fortalecendo.

Significados gerais: A necessidade de perguntar ao coração sobre tudo que é sentido e de reavaliar nossos conceitos.

Sabedoria, humildade, fortalecimento das coisas boas, a colheita de tudo que se planta e as sementes que deixamos brotar.

Não é uma carta de mensagem positiva ou negativa, geralmente é neutra e nos adverte do quanto somos capazes de plantar a bondade ou a maldade durante a vida, mas, ao mesmo tempo, anuncia a longevidade, os esforços e o resultado de tudo que acreditamos.

É sempre o indício e o convite para que fiquemos atentos ao lado mais puro e mais belo da vida.

21 - A Montanha

A Perseverança e o Equilíbrio

Elemento: Terra *(a solidez da vida).*

Descrição e simbologia: Nesta carta, vemos uma montanha alta e toda coberta por plantas verdes. A montanha simboliza a solidez da vida, a esperança de alcançar os objetivos e a escalada rumo ao progresso.

Para escalá-la, é preciso estar envolto pelo equilíbrio interior e manter-se atento aos verdadeiros ideais.

Todo verde que cerca esta paisagem nos traz a certeza de que este caminho poderá ser baseado na verdade, no amor incondicional, nos sonhos e na boa vontade.

Seu solo fértil e seguro aponta para o lado prático da vida.

Embora possa parecer difícil e tortuoso alcançar o topo da montanha, este trajeto é real e acessível aos que percorrerem com coragem e ânimo.

Representa o caminho da vida e a certeza que possuímos interiormente para atingir nossas metas e objetivos. São as bênçãos que recebemos por acreditarmos na felicidade.

Significados gerais: Esperança, perseverança, maturidade, fé, força de vontade, obstáculos a serem vencidos e superados. Confiança, segurança para conquistar um projeto.

Firmeza, inclinação à inflexibilidade, rigidez, teimosia, dificuldade para mudar, verdade, solidez, busca, os desejos de ser feliz, fatos ou situações que devem ser avaliados de forma racional e prática.

Bom caráter, equilíbrio, o lado prático e material. Força interior, coragem e determinação.

A convicção e os verdadeiros interesses. Algo ou alguém que traz segurança e apoio.

Anuncia o momento ideal para buscar a realização de uma meta ou objetivo que seja muito importante para o consulente.

Esta carta aconselha a meditação antes de qualquer decisão ou escolha.

22 - Os Caminhos

O Destino e as Direções da Vida

Elemento: Terra *(o chão que pisamos e em que concretizamos nossos desejos).*

Descrição e simbologia: Nesta carta, percebemos um lindo caminho que está aberto e pronto para que possamos percorrer com coragem e determinação.

O chão é de terra, mostrando que seu trajeto é seguro, confiável e cheio de realizações.

Esta estrada se perde na imensidão do horizonte, que é infindável e indica que as vitórias são eternas.

Os campos floridos simbolizam a esperança, a vida, a renovação e as alegrias que encontramos durante a vida quando fazemos nossas escolhas com o coração.

O céu é azul, límpido e claro, iluminado pelas energias solares e trazendo o indício de proteção e fé para os viajantes da longa jornada da vida.

Este é o caminho que nos leva à felicidade, as oportunidades que se abrem para um novo rumo diante de nossos desejos.

Aqui não se vê obstáculos, pedregulhos ou limitações, pois este caminho está aberto para todos.

A predominância amarelada que verificamos nesta carta indica a iluminação e a sabedoria para perceber e aproveitar todas as oportunidades da vida.

Esta estrada oferece as energias do presente e adverte que os passos dados no passado hoje já não importam mais, e o que se deve carregar agora são as boas experiências e o aprendizado de tudo que foi vivido e conquistado.

Significados gerais: Direção, rumo certo, liberdade de escolha, metas alcançadas, livre-arbítrio, sabedoria adquirida com escolhas do passado e que se manifestam no presente. Persistência, oportunidades, independência, expansão e caminhos abertos. Viagens terrestres ou de curta duração.

O destino, o que está escrito para cada um de nós e o caminho individual. Experiências, metas e objetivos a serem conquistados e vividos. Também simboliza a força dos verdadeiros guerreiros que, incansáveis, lutam e vencem em seu próprio caminho.

Pode ainda nos lembrar do caminho de volta para a casa interior ou, então, a busca por novos horizontes.

23 - O Rato

Os Aborrecimentos e os Desgastes

Elemento: Terra *(as coisas do mundo, a matéria).*

Descrição e simbologia: Nesta carta, vemos alguns ratos pretos e sujos num lugar escuro e sombrio.

Estes ratos captam as energias negativas, a sujeira astral e, assim, vibram em esferas muito inferiores.

A cor preta demonstra a maldade, a Magia Negra e tudo que é impuro.

Embora estejam num cenário obscuro, a cor amarela que emana ao redor dos olhos desses ratos indica a rapidez e a agilidade em pensar e agir.

O chão é cheio de entulhos e lixos, definindo, desta forma, a negatividade que os cercam permanentemente.

Parecem estar compartilhando e roendo algo que foi roubado, sugerindo a ideia da destruição de algo que não lhes pertence.

A Lua Minguante no céu escuro indica que a força desta carta não é de progresso, mas sim de multiplicação de energias negativas. Mostra ainda que é preciso reavaliar o caminho para depois prosseguir.

Significados gerais: Perdas, energéticas e/ou materiais, roubo, catalizador de energias negativas, avareza, desânimo, aborrecimentos, desgastes, má influência, negatividade, necessidade de uma limpeza espiritual, agressividade que oculta insegurança, furtos, assaltos, indisposição, uma mensagem de cuidado com inimigos que nos prejudicam de alguma forma. Doenças, falta de vitalidade, vampirismo e tristeza.

Esquecimento, chateações, maldade, desordem, desequilíbrio, pessoas oportunistas que se aproximam para levar alguma vantagem, mesmo que isso prejudique algo ou alguém.

Adverte quanto ao perigo de negócios ilícitos, migalhas, miséria (emocional, mental, física e/ou espiritual).

A integridade e o bom caráter são os únicos caminhos para vencer as adversidades anunciadas por esta carta.

24 - O Coração

Os Sentimentos e as Emoções

Elemento: Água *(todo sentimento, a transparência de nossas emoções).*

Descrição e simbologia: Nesta carta, vemos um coração vermelho que parece pulsar e bater vigorosamente. Ele representa o templo sagrado que guarda e detém todos os nossos sentimentos e todas as nossas emoções.

A cor vermelha indica vida, energia e ativação do que é sentido e experimentado, mas, acima de tudo, a coragem de enfrentar e aceitar as mais diferentes sensações que experimentamos em nossa jornada.

Ao seu redor percebemos raios de luzes brancas e douradas, simbolizando a paz alcançada quando seguimos nossos corações e a sabedoria que nele detemos e que independe de circunstâncias externas.

Aqui podemos vislumbrar tudo que é sentido de forma profunda e sincera e que nos impulsiona a cada dia para determinados caminhos.

Não representa nem o amor, nem o ódio isoladamente, mas sim todas as sensações e todas as emoções que podem aflorar a qualquer momento.

Aqui é necessário que se aprenda a equilibrar o aspecto emocional da vida em comunhão com a razão para assim encontrarmos a felicidade.

O fundo azul-claro demonstra a clareza interior para vencermos os conflitos da vida.

Significados gerais: Sentimentos, emoções, dedicação, desejo, entrega, calor humano, os tesouros que são guardados em nossos corações, as atitudes impensadas, a voz do coração, o equilíbrio emocional, sensibilidade, verdade, sinceridade e transparência.

É uma mensagem que nunca define, mas intensifica, vivifica e colore situações apontadas por outras cartas.

Lembra-nos que o coração deve ser a morada de sentimentos nobres, amor incondicional, alegria plena e felicidade.

25 - As Alianças

A União e as Associações

Elemento: Água *(a sinceridade dos sentimentos que unem e fortalecem).*

Descrição e simbologia: Nesta carta, vemos um par de alianças que brilha e está presa a um laço de fita cor-de-rosa.

Essas alianças são douradas e indicam envolvimento espiritual. A forma arredondada mostra a força da divindade que se eterniza e se materializa nesta união. O círculo também é a representação do elo sem fim e da proteção.

Elas possuem como cenário um céu muito claro e azulado que nos revela a serenidade, a tranquilidade, o aconchego espiritual que são experimentados quando se une a perfeição e a bênção divina.

O laço cor-de-rosa mostra que esta união só é presa nos princípios de amor e sinceridade e que assim poderá ser para sempre.

Uma união que se concretiza por vontade e forças do plano astral.

Este símbolo é de união fraterna e amorosa que edifica, nutre e gera todas as relações humanas espirituais.

Significados gerais: União, fraternidade, igualdade, amor, sociedade, sinceridade, vínculos espirituais positivos, necessidade de dar as mãos, namoro, casamento, parcerias, trabalhos ou projetos em grupos, ajuda, elo espiritual, novas amizades, pessoas boas que nos cercam.

A harmonia de compartilhar e dividir nossas vidas ou situações com alguém. Cooperação, apoio e fraternidade.

Pode também demonstrar o encontro entre almas gêmeas.

É um convite ao compromisso, confiança, dar e receber ajuda em busca de um mesmo ideal.

26 - Os Livros

A Reflexão e a Inteligência

Elemento: Ar *(os pensamentos, o plano mental e a inteligência).*

Descrição e simbologia: Nesta carta, podemos ver livros fechados sobre uma mesa à disposição daquele que se proponha a lê-los atentamente e adquirir conhecimentos.

Estes livros são de cor amarelada, indicando a mente, a razão e a sabedoria, e marrom, simbolizando a humildade que precisamos ter para receber os ensinamentos por eles ofertados.

Eles guardam grandes segredos da vida e do destino, mas para compreendê-los é preciso discernimento, análise, estudo e dedicação diante de tudo que é vislumbrado.

A mesa é quadrada, mostrando estrutura e verdade. Sua cor cinza revela maturidade, a necessidade de permanecer firme e refletir.

Este conjunto de livros nos sugere a ideia de que a arte e a ciência nos dão a certeza de que devemos primeiro conhecer para depois decidir ou acreditar em algo.

É a revelação do esforço intelectual, da inteligência, do raciocínio, da análise, das pesquisas e dos estudos.

As páginas desses livros contêm experiências e vivências que o destino nos reserva e adverte que, quanto mais aprendemos, mais devemos nos aprimorar na arte da vida.

Significados gerais: Análise, inteligência, necessidade de estudar, pensar antes de decidir por algo.

A sabedoria que se adquire com os muitos caminhos que a vida oferece.

Esforço intelectual, o trabalho, as soluções que são alcançadas com a mente e o raciocínio.

Pode representar o local de trabalho ou de estudos.

Papéis e documentos, burocracia e ações judiciais.

É um convite à reflexão e a possibilidade de analisar todos os lados de uma questão.

Recolhimento, sabedoria, maturidade e serenidade, necessidade de especialização e aprimoramento de algo.

É o anúncio do autodesenvolvimento através da cultura e dos potenciais intelectuais.

27 - A Carta

As Mensagens e os Avisos

Elemento: Todos os elementos podem ser representados por esta carta.

Descrição e simbologia: Nesta carta, vemos a figura de um envelope branco, simbolizando que esta mensagem é pura e pode ser recebida como um aviso do Universo.

Sem destinatário ou escritas, percebemos que este envelope pode ser para qualquer um que a receber.

Um selo vermelho lacra esta carta mostrando que as energias que a envolvem são ativas, importantes e não devem ser passadas despercebidas.

Uma figura simples, de fácil entendimento e que possui a chance de realçar ou até mesmo intensificar a mensagem de outras cartas que a acompanham numa leitura. Seu aviso é breve e rápido, porém nunca deve ser desprezado.

Este pode ser um sinal que se origina dos céus, indicando providência divina ou alerta.

Não é exatamente uma previsão ou um prognóstico do futuro, mas é muito importante sua presença num jogo, pois pode informar algo que geralmente está acontecendo no presente.

O fundo amarelo-claro que completa o cenário desta carta mostra a necessidade de sabedoria e agilidade para perceber avisos, alertas e cuidados.

Significados gerais: Alerta, aviso que contribui cuidado, escritos, atenção e mensagens. Comunicação e diálogo.

Notícias, informação, algo que pertence ao momento presente, situações que precisam ser percebidas rapidamente e, embora seu significado seja "neutro" (não respondendo sim ou não), intensifica o significado de outras cartas que surjam junto com ela.

Providência divina, surpresas e revelações.

28 - O Cigano

O Domínio e o Poder

Elemento: Terra *(o poder em forma de realização e concretização. A manifestação do domínio interior sobre a terra).*

Descrição e simbologia: Nesta carta, vemos um belo cigano imponente e seguro de si cujo olhar é forte e demonstra coragem para enfrentar qualquer desafio.

Sua barba indica a maturidade com que ele age diante da vida e do próprio destino.

O lenço amarelo que envolve sua cabeça simboliza a mente sempre em alerta e a sabedoria para enfrentar os desafios. Também traz a mensagem de que a razão é o seu ponto de equilíbrio e o seu guia, sempre.

Sua camisa é vermelha, trazendo a coragem; sua calça marrom indica seu poder aqui na terra, dando-lhe a capacidade de realizar qualquer desejo.

Seus pés estão descalços e firmes no chão, conferindo a facilidade em caminhar/viver seu destino sem medos ou aflições.

Em sua cintura vemos uma fita laranja que traz a alegria de viver e o entusiasmo para sua alma.

Os cordões de ouro e as joias que adornam seu pescoço, punhos e mãos trazem a mensagem de riqueza e poder nos mundos físico e espiritual.

Atrás deste cigano vemos uma paisagem infinita e caminhos que estão abertos para seus desejos serem realizados.

Embora seja uma figura de poder e domínio, no Tarô Cigano seus sentimentos, quando sentidos, são puros e verdadeiros.

Borboletas violetas voam em volta das flores, indicando a transformação como sinônimo de liberdade plena.

Significados gerais: Poder, domínio, convicção, ação, posse, realização, firmeza, execução, decisão e maturidade, alta confiança e estrutura. O provedor.

Sempre representa uma figura masculina de poder, podendo ser o pai, o marido, o companheiro, o filho, o chefe, o amigo, um homem de poder ou até mesmo o próprio consulente.

Também é uma possibilidade de indicar o lado masculino (de poder/ domínio/realização) que todos possuem independentemente do sexo. Estabilidade, autoridade, ciúme, razão, força, empenho e dedicação. Trabalho árduo, conquista, obstinação e coragem.

29 - A Cigana

A Intuição e a Confiança

Elemento: Água *(os sentimentos que fluem e a intuição que aflora livremente).*

Descrição e simbologia: Nesta carta, vemos uma cigana que parece estar dançando alegremente em uma paisagem na qual a natureza se harmoniza perfeitamente com seu corpo. Este cenário é a representação da vida, do amor e da renovação sincera de todos os caminhos pertencentes a nós.

O céu azul e límpido indica proteção, verdade e sinceridade.

Uma cachoeira corre com leveza ao seu lado, trazendo a força dos sentimentos e da intuição, que a faz seguir sempre, e a verdade de seu coração.

Seus cabelos longos e negros demonstram força, maturidade e longevidade. Suas roupas coloridas indicam a necessidade de vivermos todas as experiências possíveis e, assim, adquirirmos sabedoria.

Suas joias douradas trazem o poder e a riqueza para suas realizações na terra. Em sua mão direita, um bracelete de ouro e as esmeraldas indicam que ela só busca a verdade absoluta.

Uma estrela dourada de cinco pontas está pendurada em seu peito, demonstrando que seus poderes são divinos e o seu domínio está além da razão. Seus pés, assim como os do cigano da carta anterior, estão descalços e firmes sobre a terra, simbolizando um forte equilíbrio entre razão e emoção.

Ela significa segurança, otimismo, confiança, fertilidade, expansão, sensatez, responsabilidade, criatividade e ambição. Traz sempre uma energia de magnetismo. É a senhora da magia, da intuição e sempre revela os mistérios. Pode ser a representação da mãe, da filha, da irmã, da chefe, da companheira ou de uma mulher poderosa que pertence ao destino do consulente. É um anúncio positivo de fé e abertura de caminhos, de sabedoria e de vida que se renova.

Significados gerais: Intuição, sentimentos, confiança, sensatez, ambição, doação, criatividade, emoção, segurança, poder de decisão, otimismo, responsabilidade, generosidade e bondade. Boa vontade, vida e renovação. Pode representar a mãe, a filha, a irmã, a chefe, a companheira, uma mulher poderosa ou a própria consulente.

Também é uma possibilidade de indicar o lado feminino (de sentir/viver/realizar) que todos possuem independentemente do sexo.

30 - Os Lírios

A Paz e a Harmonia

Elemento: Água *(a sinceridade, os afetos verdadeiros).*

Descrição e simbologia: Nesta carta, estamos diante de uma linda paisagem onde lírios se abrem em plena primavera à beira de uma cachoeira límpida e viçosa.

Estes lírios são brancos numa simbologia à paz e à tranquilidade interior que devemos sempre carregar em nossos corações. Aqui eles também são a indicação da verdade e da proteção infinita. Podemos ver lírios grandes (representando Deus e Sua magnitude) e lírios pequenos (representando o homem em seu mundo), dando-nos a ideia de que tudo está contido na mesma esfera.

A cachoeira em sua correnteza abundante revela os sentimentos mais profundos e harmônicos. É a solução, a esperança, a vida e o amor incondicional que ultrapassa os limites humanos.

A água está em tons de verde-água, mostrando que a navegação da vida deve ser tranquila e serena, sem ansiedade ou aflições.

Esta é a representação máxima do estado de plenitude da alma, que se move a cada instante em busca de evolução.

Nesta carta renascem todos os desejos mais sinceros, puros e cristalinos de paz, equilíbrio e felicidade. O verde-escuro das folhagens demonstra gratidão, esperança e renovação.

Significados gerais: Equilíbrio, proteção, harmonia, desprendimento, felicidade, autoconhecimento, propósitos de alma, tranquilidade, serenidade, aconchego, verdade, sentimentos puros e sinceros, alegria sem euforia, bem-estar, paz, paz interior, os desejos da alma, a descoberta de Deus dentro do próprio "EU". Período feliz, fim das crises e novas perspectivas.

Em alguns momentos simboliza a intuição e a vida espiritual em sintonia com o Universo. Espontaneidade e inocência.

É sempre um sinal positivo de boas energias que chegará pacientemente; anuncia a prosperidade.

31 - O Sol

O Sucesso e a Plenitude

Elemento: Fogo *(a chama que aquece o espírito e ilumina a alma).*

Descrição e simbologia: Nesta carta, vemos a imagem do grande Sol, que a todos ilumina com seus raios de energia absoluta. Sua cor amarelo-ouro traz o indício de consciência, claridade e iluminação mental, emocional e espiritual.

Considerado o símbolo da juventude e do calor que protege o Universo, aqui suas mensagens são de boas-novas e realização.

Sua forma é a de um círculo, indicando o infinito, a criação divina e a eternidade: o elo sem fim.

O Sol emana sabedoria, tranquilidade e fé para que todas as dificuldades sejam enfrentadas com coragem.

A presença deste símbolo numa consulta deve ser percebida com total seriedade, pois sua mensagem está inteiramente ligada ao despertar interior e à conscientização de algo importante para a alma.

Sob a luz do dia, nada deve ser escondido, ocultado ou guardado: aqui se percebe a luz da verdade em seu mais alto grau, sendo esta manifestada em todos os sentidos.

Essa luz é eterna e, junto com ela, conseguimos alcançar a força criativa que reside em cada um de nós.

Também podemos perceber na figura desta carta folhas verdes brotando do chão deserto, sinalizando a esperança que se renova com a luz do sol. É o nascimento e a luz que levam para longe as trevas, a escuridão e o frio que assombram a vida.

Significados gerais: Prosperidade, luz, vitória, autoafirmação, momentos felizes, inteligência, energia vital, casamento, união, sociedade, força criativa, poder, crescimento, propósito de almas, expansão, energias benéficas, brilho pessoal, sabedoria, verdade, a iluminação da alma, a claridade, consciência, harmonia, reconhecimento, encontro de almas gêmeas. Ânimo e poder interior.

Pode representar o pai ou uma figura masculina; autoconhecimento, ascensão interior, alegrias, sucesso, realização, inteligência ativa, plenitude, expansão, nascimento e progresso.

Na saúde, além de cura e longevidade, pode representar cirurgias e procedimentos para melhora da estética.

32 - A Lua

O Reconhecimento e as Mudanças

Elemento: Água *(as emoções e a intuição).*

Descrição e simbologia: Nesta carta, vemos apenas uma noite escura sendo iluminada pela lua cheia que anuncia grandes mistérios de poder e de magia.

Aqui, a escuridão representa o nosso inconsciente, o mais profundo e desconhecido caminho de nossa alma.

A lua cheia que preenche este cenário indica mudanças (pois a Lua constantemente passa por mudanças de suas fases – nova, crescente, cheia e minguante) e nos anuncia um período altamente fértil para a intuição e os poderes mágicos.

Para os ciganos, a Lua representa o reconhecimento, as honrarias, os sonhos, os desejos e sua energia é de grande importância para seus rituais mais sagrados.

Ao contrário do que geralmente se conhece dos simbolismos da Lua nos Tarôs tradicionais, aqui ela também sugere o reconhecimento, as mudanças e as honrarias.

O poder oculto que corre pela vida e pelo Universo, mas ao mesmo tempo carrega em seus mistérios algo a ser revelado, um segredo, algo que está oculto ou um desconforto (necessidade de equilíbrio) em algum aspecto emocional.

A Lua em tons prateados traz a intuição para ser seguida como um guia que abre as portas do desconhecido.

Significados gerais: Reconhecimento de algo ou dos próprios valores, sensibilidade, intuição, sonhos, desejos, fantasias, honrarias, mudanças (de casa, cidade, trabalho etc.), intuição, fé, poder da magia e influências do plano astral. Sentimentos ocultos, labirintos interiores.

Em um sentido mais sutil, pode indicar uma vida emocional conturbada e situações do passado desta vida ou de outras encarnações que precisem ser resolvidas no presente.

Pode indicar a influência da mãe ou até mesmo uma figura feminina de poder na vida do consulente.

Um segredo, algo oculto ou um mistério que precisa ser revelado.

Medo do futuro, escuridão interior, confusão emocional e instabilidade.

Traz flexibilidade e a facilidade de adaptação. Mostra ainda que sempre devemos respeitar as necessidades interiores e recolher as noites escuras dentro de nós.

33 - A Chave

A Abertura de Caminhos e as Soluções

Elemento: Terra *(a realização, a chance da conquista e da materialização)*

Descrição e simbologia: Nesta carta, vemos uma grande chave dourada envolta em uma luz amarelada que a ilumina e intensifica seu significado. Esta chave é o símbolo da solução para os conflitos e da abertura de caminhos.

Sua cor dourada mostra que esta energia é benéfica e junto com ela podemos receber suas influências de poder e manifestação das realizações concretas.

É necessário se conscientizar de que a chave só funciona quando queremos e quando nos esforçamos de alguma forma, portanto, aqui temos a condição de usá-la em nosso benefício.

A luz que a envolve nos sugere a ideia de que, a cada porta que abrimos, temos a oportunidade de aprendermos e evoluirmos.

Esta chave também é o indício de que as respostas para dúvidas, incertezas, questionamentos e conflitos estão surgindo.

Aqui todas as portas podem ser abertas, e o empenho deve ser constante para percorrer os caminhos que conduzirão ao progresso e ao sucesso.

Significados gerais: Abertura de caminhos, progresso, soluções, realização, uma ideia, um plano, uma saída positiva, uma ajuda, algo ou alguém que indica um caminho.

Necessidade de empenho e de ação, respostas, oportunidades que trazem aprendizado e evolução. Fim dos mistérios, revelação.

Aqui é preciso saber usar as "chaves" que a vida oferece em benefício próprio.

Fim de conflitos a partir de decisões e escolhas individuais.

Livre-arbítrio, consciência, coragem e determinação.

Vale lembrar que dentro das filosofias espirituais e tradições esotéricas, quando recebemos ou encontramos uma chave, somos considerados iniciados. Sendo assim, a chave é um símbolo que nos convida a empreender esforço pessoal para vencer situações difíceis, mas que nos trarão iluminação interior e progresso.

34 - Os Peixes

A Prosperidade e o Dinheiro

Elemento: Água *(a água que sustenta a vida com abundância).*

Descrição e simbologia: Nesta carta, vemos peixes multicoloridos nadando harmonicamente num lago de águas claras e tranquilas.

O peixe simboliza a Era de Peixes, a qual o Mestre Jesus conduziu trazendo a toda humanidade seus conhecimentos e milagres.

Contam alguns relatos (que não são provados cientificamente) que Jesus esteve entre seus 12 e 33 anos andando por entre os ciganos, aprendendo sobre os grandes mistérios da vida e peregrinando junto com eles por diversos lugares.

Um dos milagres mais conhecidos de Jesus foi o da multiplicação do pão e dos peixes, portanto, aqui nesta figura deparamo-nos com a realização, a abundância, a boa fortuna e a felicidade no plano material.

As variadas cores que vemos nos peixes trazem o indício de alegria, triunfo e boas energias.

As águas limpas e claras indicam honestidade, pureza e o fluxo da vida em movimento constante, levando todos os navegantes rumo ao progresso absoluto.

Significados gerais: Sorte, progresso material, dinheiro, vida, prosperidade, lucros, recompensa material, conquista financeira, abundância, boa fortuna, riqueza, fartura, grandeza, milagres, multiplicação, fecundidade, opulência, realização, concretização de algo no plano físico.

É o aviso de boas energias que logo tomarão forma na vida financeira/material do consulente.

O patrimônio, a energia dos ganhos e das recompensas que são trazidas como algo importante pelo Universo.

É a promessa de boa fortuna, concretização dos sonhos e desejos, tirando-os do plano mental e trazendo-os para o mundo físico.

Fluxo natural da vida, flexibilidade, intuição e equilíbrio físico/espiritual, felicidade, contentamento, alegria e ascensão.

Cura e esperança para que dias melhores se manifestem.

35 - A Âncora

A Segurança e a Estabilidade

Elemento: Terra *(a firmeza da terra e do chão que pisamos).*

Descrição e simbologia: Nesta carta, vemos uma âncora que está fixada em solo fértil e nos passa a imagem de um porto seguro.

O mar azul-claro indica que o momento é para se aconchegar e nada temer, pois as turbulências já passaram e agora é a hora do descanso.

Esta âncora está amarrada numa corda marrom, que simboliza a estabilidade e a confiança.

A cor cinza chumbo da âncora nos aproxima da ideia de que ali algo permanecerá firme e estável.

O solo que guarda esta âncora é limpo, indicando que dificuldades, problemas e angústias não serão mais motivos de impedimentos e sofrimento. Sua cor clara é agradável, fortalecendo a ideia de confiança.

Esta carta pode trazer uma mensagem muito significativa, ressaltando a segurança interior ou a estabilidade emocional.

Por outro lado, ela anuncia sempre algo positivo diante da personalidade, do caráter e do comportamento de um indivíduo.

A âncora está presa, segura e nada nem ninguém irão tirá-la deste lugar.

Significados gerais: Segurança, estabilidade, êxito, sucesso, vida feliz, confiança, o chão das realizações, patrimônio, confiabilidade, dificuldades que são superadas. Momentos felizes, consolidação, certeza interior, autoconfiança, fé e crença em algo que trará resultados positivos.

Maturidade, necessidade de permanecer firme nas decisões ou em alguma situação.

Um sinal positivo de estabilidade chegando em vários níveis: mental, espiritual, emocional e físico, pois esta mensagem sempre aponta algo sólido e em que precisamos acreditar.

Negatividade pode indicar ideias fixas, paralização e acomodação.

Mas, de um modo geral, esta carta possibilita novos investimentos, pede para que o consulente não desista de seus sonhos mais antigos e raros, ou então é chegada a hora de planejar novas ideias para um futuro próximo.

36 - A Cruz

A Vitória e a Salvação

Elemento: Fogo, Terra, Ar e Água juntos dando a ideia de totalidade.

Descrição e simbologia: Nesta carta, vemos uma cruz marrom toda adornada com pedrarias preciosas e raios de luz amarela que dela brilham.

A cruz que sempre foi vista como sinônimo de sofrimento, peso, castigo e morte aqui perde toda sua simbologia maléfica. Para os ciganos, a cruz representa a ideia posterior à morte e ao sacrifício, sendo assim uma mensagem de libertação, salvação e vitória numa comparação à história de Jesus, o Mestre, que foi castigado, crucificado, morto e ressuscitado, salvando toda a humanidade por amor. Esta luz dourada que emana do centro da cruz indica a vida sendo alcançada, e o triunfo imperando após todos os sacrifícios e dores. As pedras preciosas que a adornam nos trazem a sensação de que esta vitória é rica em aprendizado, conquistas e que todos nós devemos encontrar nosso tesouro (os sonhos, os amores, os desejos e as aspirações) para sermos mais felizes. Se algum sofrimento ainda for vivido e experimentado, esta cruz aponta para um resultado de sucesso e salvação.

A cruz marrom demonstra humildade e desapego de sentimentos egoístas e negativos. Também anuncia o despojamento no sentido de anular situações e emoções irrelevantes que sejam sem valor para a evolução da alma.

A cruz também traz a proteção divina que age, interfere e realiza sem que o indivíduo perceba, permita ou peça. Pode representar também a força do destino, algo que de fato irá acontecer independentemente da vontade do indivíduo, mas que será importante. É um convite à vitória e ao êxito pleno depois de um período de lutas, batalhas e sofrimento. É o símbolo máximo de positivismo e vitória dentro do Tarô Cigano.

Significados gerais: Vitória, destino, ascensão, positivismo, fé, autoconfiança, sabedoria espiritual, supremacia, melhora, favorecimento, metas que são alcançadas com sucesso. Êxito e salvação colocando fim a um período de sofrimento e incertezas. A conquista, a vida que invade a vida, a solução, o destino e o tesouro interior que deve ser encontrado por cada um de nós. A melhor carta do Tarô Cigano que anuncia as grandes realizações do caminho e pede para que o consulente não desista de seus ideais. Uma chave dos céus que pode se transformar na cruz pesada e cheia de dores e sacrifícios ou então ser símbolo de proteção, libertação e felicidade.

Métodos de Tiragem

Existem muitos métodos, alguns já conhecidos, outros não. Com o passar do tempo, o tarólogo acaba criando códigos e impressões pessoais com relação à interpretação das cartas, assim também descobre seus próprios métodos de leitura para a realização de uma consulta.

O importante é fazer com que a consulta seja agradável e seguir a intuição para determinar essa escolha.

Aqui serão ensinados os métodos mais comuns e caberá a você escolher, decidir e aprimorar o que mais lhe interessar.

Método Cigano

Embaralhe as cartas no mínimo três e no máximo sete vezes.

Coloque o monte de cartas ao centro da mesa.

Peça ao consulente que corte o monte três vezes na sua direção.

Recolha os montes na seguinte ordem: primeiro o monte que estará perto do consulente, depois o monte mais próximo de você e por último o monte restante.

Abra um leque com as figuras voltadas para baixo em frente ao consulente.

Peça para que ele lhe dê todas as cartas retirando uma carta por vez, aleatoriamente.

Disponha as cartas montando quatro linhas horizontais com nove cartas cada uma delas.

As cartas deverão permanecer sempre com as figuras voltadas para baixo antes da interpretação ser realizada.

O jogo estará montado da seguinte maneira:

1ª linha	1	2	3	4	5	6	7	8	9
2ª linha	10	11	12	13	14	15	16	17	18
3ª linha	19	20	21	22	23	24	25	26	27
4ª linha	28	29	30	31	32	33	34	35	36

Você pode perceber que, para este método, todas as cartas foram utilizadas, possibilitando, assim, que se tenha uma noção ampla da vida do consulente.

Ao abrir carta por carta, uma história sobre a vida do consulente será contada.

COMO INTERPRETAR O MÉTODO CIGANO

Depois de ter disposto as cartas como citado anteriormente, você deverá interpretá-las virando a primeira carta da primeira linha e a última da última linha, a segunda carta da primeira linha e a penúltima da última linha e assim sucessivamente, até que todas as cartas sejam interpretadas de duas em duas, procurado ter coerência na correlação entre os simbolismos de cada carta e a vida do consulente.

Este método é o mais conhecido e utilizado pelos ciganos. Além de nos dar uma visão geral do momento presente, aponta para influências futuras.

Toda técnica é aprimorada com a prática e a dedicação, portanto, com o tempo, as dificuldades iniciais são superadas.

A seguir, você tem uma tabela descrevendo por ordem numérica a maneira de interpretar o método cigano e a sua abordagem correta:

1	2	3	4	5	6	7	8	9
10	11	12	13	14	15	16	17	18
18	17	16	15	14	13	12	11	10
9	8	7	6	5	4	3	82	1

A Roda da Fortuna

Este método consiste em utilizar apenas cinco cartas e ajuda a esclarecer um determinado assunto em específico.

O consulente poderá fazer uma pergunta ou, então, sugerir um assunto.

Proceda da seguinte maneira:

- Embaralhe as cartas no mínimo três e no máximo sete vezes.
- Coloque o monte de cartas no centro da mesa.
- Peça ao consulente que corte o monte três vezes na sua direção.
- Recolha os montes na seguinte ordem: primeiro o monte que estará perto do consulente, depois o monte mais próximo de você e, por último, o monte restante.
- Abra um leque com as figuras voltadas para baixo na frente do consulente.
- Formule a questão ou peça para que o consulente faça uma pergunta em voz alta.
- O consulente deverá retirar cinco cartas (uma por uma, aleatoriamente).

Disponha as cartas da seguinte maneira:

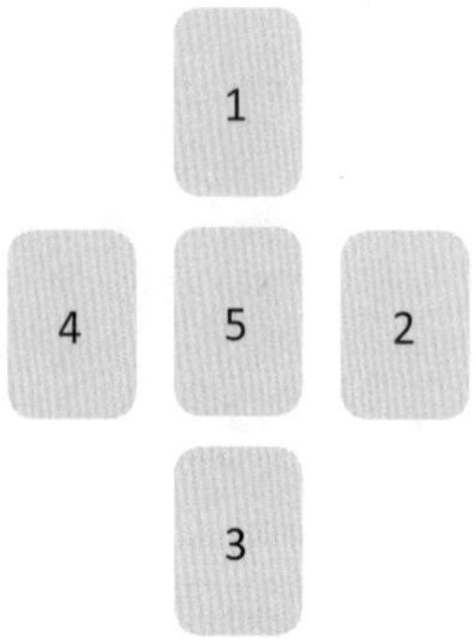

Cada uma destas cinco cartas representará um aspecto da questão formulada e deverá ser interpretada da seguinte maneira:

- **Carta 01 - O Consulente:** Representa o consulente diante da questão, como ele pensa, age e sente no presente.
- **Carta 02 - A Situação:** Representa a situação como ela realmente é, independentemente de interferências externas, vontades ou desejos do consulente.
- **Carta 03 - O Conselho:** Representa as atitudes que o consulente deve ter em relação à situação.
- **Carta 04 - O Futuro:** Representa o desfecho da situação, os resultados e o que irá acontecer num futuro próximo.
- **Carta 05 - Os Resultados:** Representa como o consulente irá ficar com os resultados finais da questão; uma mensagem final do Tarô Cigano.

Caso as informações precisem ser mais detalhadas para mais compreensão, pode-se tirar outras cartas para complementar a interpretação.

Quando isso acontecer, será exigido muito empenho, dedicação e confiança por parte do tarólogo para que nenhuma mensagem seja anulada.

Presente, Passado e Futuro

Este método é bem conhecido popularmente e serve para orientar quanto aos fatores passado, presente e futuro de uma questão específica e nos mostra as inter-relações dos acontecimentos.

Proceda da seguinte maneira:

- Embaralhe as cartas, no mínimo três e no máximo sete vezes.
- Coloque o monte no centro da mesa.
- Peça ao consulente que corte o monte três vezes na sua direção.
- Recolha os montes na seguinte ordem: primeiro o monte que estará perto do consulente, depois o monte mais próximo de você e por último o monte restante.
- Abra um leque em frente ao consulente com as figuras voltadas para baixo.
- Peça a ele que formule a pergunta em voz alta e retire três cartas aleatoriamente, uma por uma.

Disponha as cartas da seguinte maneira:

- **Primeira carta:** Representa os fatores do passado, que geraram determinada situação ou, então, algo que aconteceu de importante e que de alguma forma interfere na questão astral.
- **Segunda carta:** Representa os fatores do presente e a situação como se apresenta ao consulente.
- **Terceira carta:** Representa os fatores do futuro e os resultados que serão atingidos.

Resposta Objetiva – Sim ou Não

Este método pode servir quando queremos uma resposta rápida e objetiva do Tarô Cigano.

De forma simples, também podemos utilizá-lo para complementar algum outro método de responder às dúvidas que não foram tiradas durante a consulta.

Proceda da seguinte maneira:

- Embaralhe as cartas no mínimo três e no máximo sete vezes.
- Coloque o monte de cartas no centro da mesa.
- Peça ao consulente que corte o monte em três, conforme métodos anteriores.
- Recolha os montes na seguinte ordem: primeiro o monte que estará perto do consulente, depois o monte mais próximo de você e por último o monte restante.
- Abra um leque com as figuras voltadas para baixo na frente do consulente.
- Peça a ele que formule a questão em voz alta e retire uma carta.

Interprete o significado e, nas tabelas seguintes, veja como cada carta pode responder objetivamente:

O Cavaleiro	Responde como:
Amor	Sim – Conquistas afetivas/ Boas Notícias
Trabalho	Sim – Novos inícios / Algo a caminho
Finanças	Sim – Abertura de caminhos/ Investimentos
Saúde	Sim – Melhora e boa saúde
Espiritual	Sim – Realização / Busca espiritual

As Pedras	**Responde como:**
Amor	Não – Frustração e desentendimentos
Trabalho	Não – Dificuldades e obstáculos
Finanças	Não – Problemas e dificuldades
Saúde	Não – Problemas que serão superados
Espiritual	Não – Impedimentos e aprendizado
O Navio	**Responde como:**
Amor	Sim – Afeto sincero / Felicidade
Trabalho	Sim – Novos horizontes / Viagens
Finanças	Sim – Mudanças lentas / Progresso
Saúde	Sim – Equilíbrio e cura
Espiritual	Sim – Renovação e proteção
A Casa	**Responde como:**
Amor	Sim – Apoio afetivo e equilíbrio
Trabalho	Sim – Estrutura e estabilidade
Finanças	Sim – Sucesso nos empreendimentos
Saúde	Sim – Boa saúde
Espiritual	Sim – Poder e equilíbrio
A Árvore	**Responde como:**
Amor	Sim – Companheirismo/Amadurecimento
Trabalho	Sim – Estabilidade e prosperidade
Finanças	Sim – Colheita e ganhos em longo prazo
Saúde	Sim – Renovação / Longevidade
Espiritual	Sim – Felicidade e fraternidade

Os Ventos	Responde como:
Amor	Dúvida – Dúvidas e conflitos
Trabalho	Dúvida – Dúvidas e instabilidade
Finanças	Dúvida – Situação instável e problemas passageiros
Saúde	Dúvida – Saúde emocional desequilibrada
Espiritual	Dúvida – Conflitos interiores e indecisão
A Serpente	**Responde como:**
Amor	Não – Intrigas, desestruturação e traição
Trabalho	Não – Falsidade e perdas desleais / Ataques
Finanças	Não – Perdas e riscos
Saúde	Não – Saúde fragilizada e problemas que sempre vão e voltam
Espiritual	Não – Negatividade e más influências / Transformação
A Morte	**Responde como:**
Amor	Não – Rompimento e separação
Trabalho	Não – Fim de ciclo / Mudanças radicais
Finanças	Não – Perdas se houver investimentos
Saúde	Não – Desgastes / fim dos problemas
Espiritual	Não – Purificação e regeneração
O Ramalhete	**Responde como:**
Amor	Sim – Felicidade
Trabalho	Sim – Alegria e triunfo
Finanças	Sim – Resultados favoráveis e prosperidade
Saúde	Sim – Estabilidade e cura
Espiritual	Sim – Evolução e proteção

A Foice	**Responde como:**
Amor	Não – Reavaliação e transição
Trabalho	Não – Transformações necessárias
Finanças	Não – Perdas e desgastes se não houver transformações
Saúde	Neutra – Problemas que terão fim
Espiritual	Neutra – Falta de crescimento pessoal
O Chicote	**Responde como:**
Amor	Sim – Atração física /Desejos ardentes
Trabalho	Sim – Esforços recompensados / Autoridade
Finanças	Sim – Necessidade de investimento
Saúde	Sim – Boa saúde, sensibilidade nos órgãos sexuais
Espiritual	Sim – Força e equilíbrio
Os Pássaros	**Responde como:**
Amor	Sim – Felicidade e alegria / Liberdade
Trabalho	Sim – Vitória e harmonia / Novos Horizontes
Finanças	Sim – Sorte e contentamento
Saúde	Sim – Boa saúde, pequenos contratempos.
Espiritual	Sim – Proteção e liberdade
A Criança	**Responde como:**
Amor	Sim – Inocência / Infantilidade
Trabalho	Sim – Renovação e boas oportunidades / Imaturidade
Finanças	Sim – Novos investimentos
Saúde	Sim – Saúde boa, possibilidade de gravidez.
Espiritual	Sim – Boas energias

A Raposa	**Responde como:**
Amor	Não – Enganos e desilusão / Alerta
Trabalho	Não – Armadilhas e perigos / Necessidades de estratégias
Finanças	Não – Perdas e prejuízos / Riscos
Saúde	Não – Desgastes
Espiritual	Não – Perda de energia / Alerta
O Urso	**Responde como:**
Amor	Não – Paixão ilusória e falsidade
Trabalho	Não – Frustração e traição
Finanças	Não – Perdas e infortúnios
Saúde	Não – Saúde comprometida / Cuidados com o emocional
Espiritual	Não – Influências negativas do astral / Necessidade de purificação
As Estrelas	**Respondem como:**
Amor	Sim – Felicidade e afetos sinceros
Trabalho	Sim – Vida nova e realização/ Brilho pessoal
Finanças	Sim – Sorte e equilíbrio / Oportunidades
Saúde	Sim – Boa saúde
Espiritual	Sim – Fé e proteção
A Cegonha	**Responde como:**
Amor	Sim – Novidades e felicidade
Trabalho	Sim – Oportunidades e bons presságios
Finanças	Sim – Alegria e investimento
Saúde	Sim – Boa saúde, possibilidade de gravidez
Espiritual	Sim – Coragem e libertação

O Cão	**Responde como:**
Amor	Sim – Companheirismo e lealdade
Trabalho	Sim – Honestidade e parcerias
Finanças	Sim – Progresso e bons investimentos
Saúde	Sim – Boa saúde
Espiritual	Sim – Proteção e acolhimento
A Torre	**Responde como:**
Amor	Não – Reavaliação, desapego do passado e solidão para evoluir.
Trabalho	Não – Paciência e espera / Amadurecimento
Finanças	Não – Paciência e espera / Não favorece investimentos
Saúde	Neutra – Necessidade de cuidados
Espiritual	Sim – Proteção e autoconhecimento
O Jardim	**Responde como:**
Amor	Neutra – Questionamentos necessários
Trabalho	Neutra – Colheita se houver dedicação
Finanças	Neutra – Colheita se houver bom plantio
Saúde	Sim – Boa saúde e longevidade
Espiritual	Sim – Sabedoria e fortalecimento
A Montanha	**Responde como:**
Amor	Sim – Solidez e esperança
Trabalho	Sim – Força de vontade / Segurança
Finanças	Sim – Obstáculos superados / Perseverança
Saúde	Sim – Boa saúde
Espiritual	Sim – Equilíbrio

Os Caminhos	Responde como:
Amor	Sim – Rumo certo e escolhas
Trabalho	Sim – Vitória / Oportunidades
Finanças	Sim – Abertura caminhos / Bons presságios
Saúde	Sim – Boa saúde
Espiritual	Sim – Sabedoria e as forças do destino agindo favoravelmente
O Rato	**Responde como:**
Amor	Não – Aborrecimentos e desequilíbrio / Agressividade
Trabalho	Não – Desgastes e prejuízos
Finanças	Não – Perdas / Avareza
Saúde	Não – Saúde debilitada
Espiritual	Não – Perda de energias, vampirismo / Necessidade de purificação
O Coração	**Responde como:**
Amor	Neutra – Sentimentos intensos
Trabalho	Neutra – Ouvir a voz interior
Finanças	Neutra – Tirar outra carta
Saúde	Neutra – Interferências emocionais
Espiritual	Neutra – Sensibilidade e intuição
As Alianças	**Responde como:**
Amor	Sim – Almas gêmeas / Felicidade
Trabalho	Sim – Parcerias e oportunidades
Finanças	Sim – Ajuda e progresso
Saúde	Sim – Boa saúde
Espiritual	Sim – Proteção e elo espiritual

Os Livros	**Responde como:**
Amor	Neutra – Recolhimento e reflexão
Trabalho	Sim – Sabedoria e maturidade
Finanças	Neutra – Necessidade de análise e espera
Saúde	Neutra – Prestar mais atenção à saúde como um todo
Espiritual	Sim – Sabedoria / Novos conhecimentos
A Carta	**Responde como:**
Amor	Neutra – Notícias e revelações
Trabalho	Neutra – Notícias importantes
Finanças	Neutra – Tirar outra carta
Saúde	Neutra – Tirar outra carta
Espiritual	Neutra – Avisos e mensagens espirituais
O Cigano	**Responde como:**
Amor	Sim – Realização / Possessividade
Trabalho	Sim – Poder e trabalho árduo
Finanças	Sim – Conquistas
Saúde	Sim – Boa saúde
Espiritual	Sim – Força e autocontrole
A Cigana	**Responde como:**
Amor	Sim – Estabilidade / Emoção / Sentimentos
Trabalho	Sim – Expansão e ambição
Finanças	Sim – Realização e progresso
Saúde	Sim – Boa saúde
Espiritual	Sim – Intuição e otimismo

Os Lírios	Responde como:
Amor	Sim – Sentimentos puros e afeto / Paz
Trabalho	Sim – Estabilidade e tranquilidade
Finanças	Sim – Equilíbrio e paciência
Saúde	Sim – Boa saúde
Espiritual	Sim – Proteção, intuição e harmonia.
O Sol	**Responde como:**
Amor	Sim – Amor, união de almas gêmeas e plenitude
Trabalho	Sim – Vitória e ascensão / Reconhecimento
Finanças	Sim – Progresso e ganhos
Saúde	Sim – Boa saúde, sensibilidade nos olhos/ Cirurgias estéticas
Espiritual	Sim – Autoconhecimento e consciência
A Lua	**Responde como:**
Amor	Não – Fantasia, oculto, confusão emocional
Trabalho	Sim – Reconhecimento e mudanças
Finanças	Neutra – Instabilidade material / Cautela
Saúde	Neutra – Problemas emocionais / Vícios
Espiritual	Sim – Intuição e influências astrais
A Chave	**Responde como:**
Amor	Sim – Realização e escolhas
Trabalho	Sim – Abertura de caminhos e determinação
Finanças	Sim – Solução e progresso
Saúde	Sim – Boa saúde
Espiritual	Sim – Livre-arbítrio e consciência

Os Peixes	**Responde como:**
Amor	Sim – Realização dos desejos / Vitória
Trabalho	Sim – Progresso, prosperidade e ascensão
Finanças	Sim – Ganhos, boa fortuna e sorte.
Saúde	Sim – Boa saúde / Cura
Espiritual	Sim – Milagres e boas energias
A Âncora	**Responde como:**
Amor	Sim – Estabilidade e confiança / Inflexibilidade
Trabalho	Sim – Segurança e consolidação
Finanças	Sim – Dificuldades superadas e patrimônio
Saúde	Sim – Boa saúde / Longevidade
Espiritual	Sim – Equilíbrio e fé
A Cruz	**Responde como:**
Amor	Sim – Vitória e felicidade / Fim de qualquer sofrimento
Trabalho	Sim – Ascensão, sucesso / Melhora considerável
Finanças	Sim – Ganhos e êxito
Saúde	Sim – Boa saúde / Cura
Espiritual	Sim – Salvação e proteção

Importante

Procure interpretar cada carta com o máximo de atenção e profundidade espiritual, apoiando-se em todo conhecimento que este livro oferece. Evite, principalmente, no início do aprendizado do Tarô Cigano, tirar mais do que uma carta para cada pergunta, a menos que a carta responda como "neutra" para a questão em si.

Lembre-se de que por mais incoerente que possa parecer no princípio, a mensagem da carta retirada é sempre a resposta apropriada para a solução do questionamento.

Com prática, o tarólogo vai percebendo como o universo particular de cada carta é infinito.

Sugiro que, se houver dificuldade nas leituras iniciais para compreender e interpretar cada carta, esforce-se e seja perseverante.

Um(a) bom(a) tarólogo(a) é aquele(a) que constrói seu repertório pessoal de interpretação através dos estudos, dedicação para transformar suas experiências diárias e, acima de tudo, sempre estar com o coração aberto para ampliar sua consciência espiritual.

A Consagração do Tarô Cigano

Para os ciganos, a magia está presente em suas vidas a todo instante.

Todos os seus conhecimentos estão fixados numa energia fantástica de respeito, adoração, harmonia e equilíbrio.

O Tarô Cigano é um instrumento que serve de elo entre os homens e a divindade para que os muitos mistérios do destino deixam desvendados.

A consagração é um ritual mágico e muito especial.

Ao consagrar o Tarô Cigano, você estará instantaneamente depositando nele as suas energias, as vibrações do Universo e, acima de tudo, fazendo com que pedaços de papel se transformem em símbolos sagrados que conduzirão seu caminho para a luz e a harmonia durante as consultas.

A consagração, que proponho neste livro, é simples e você deverá realizá-la uma única vez ou quando seu tarô tiver de ser trocado por algum motivo.

Materiais necessários:

- Um copo de cristal virgem com água pura e cristalina.
- Uma vela de sete dias amarela.
- Um punhal ou adaga de metal.
- Cristais: 1 ametista, 1 quartzo rosa, 1 citrino, 1 turmalina, 1 cristal de quartzo branco, 1 cristal de quartzo azul, 1 cristal de quartzo verde; 1 pedra da lua.

- Um vaso com flores amarelas ou brancas.
- Sete varetas de incenso (da sua preferência).
- Uma toalha branca ou dourada.
- Pães.
- Três moedas correntes douradas de qualquer valor.
- Vinho tinto (servido em uma taça de cristal).

Realizando a Consagração

Este ritual deve ser realizado em fase de lua nova ou crescente, pois estas fases lunares favorecem a intuição, o crescimento e a expansão das energias.

Procure um local calmo e tranquilo, onde você possa montar um pequeno altar, que deverá permanecer montado durante sete dias consecutivos.

Monte o altar com a toalha para simbolizar que um espaço sagrado estará sendo aberto.

Coloque os cristais: a ametista (para transmutar qualquer energia negativa em amor e aumentar a intuição), o citrino (que deixará o plano mental em equilíbrio), o quartzo branco (que gerará energia positiva e filtrará as negatividades), o quartzo verde (para proteger a saúde física, a mental, a espiritual e a emocional, favorecendo a cura da alma), o quartzo azul (tranquilidade e harmonia), o quartzo rosa (para estimular o amor e os afetos verdadeiros), a turmalina negra (para afastar qualquer energia maléfica e isolar a negatividade) e a pedra da lua (que traz a clarividência e a intuição).

Acenda o incenso para levar seus desejos e pensamentos com mais rapidez até o astral e purificar o ambiente. O incenso de mirra também ajuda a invocar a sabedoria dos povos ancestrais.

Coloque o copo de cristal com água para filtrar as energias.

Ao lado, coloque a adaga ou o punhal que estimula o poder da mente e corta qualquer efeito negativo.

As flores representarão a alegria de viver, a paz e a harmonia.

Acenda a vela pedindo proteção ao seu caminho como oraculista; faça uma prece saudando e reverenciando as energias dos ciganos e peça para que sua mente e seu coração estejam sempre iluminados.

A vela representa o elemento fogo (a espiritualidade e a verdadeira iluminação). A cor amarela favorece o equilíbrio mental, a sabedoria e a prosperidade.

Coloque também os pães (símbolo da fartura e do alimento da alma), as três moedas (prosperidade, riqueza e abundância para sua vida e para a vida das pessoas que vierem procurar seus conselhos e orientações futuras) e a taça com vinho (para celebrar a vida).

Se achar necessário, coloque uma música tranquila e que lhe transmita paz para facilitar sua concentração.

Sobre a fumaça do incenso, passe carta por carta do seu tarô, mentalizando coisas boas, seu desejo de ser um canal de forças positivas para o Universo, pedindo sempre por muita proteção e orientação espiritual.

Depois de passar as cartas sobre a fumaça do incenso, abra, no centro deste pequeno altar, um leque com as figuras voltadas para cima e faça uma oração de sua preferência.

Alguns fazem uma invocação aos bons espíritos dos ciganos e ao povo do Oriente, outros fazem uma oração à Santa Sarah, a protetora dos ciganos.

Você deverá escolher a oração ou invocação de acordo com sua intuição.

Oração à Santa Sarah Kalih[2] – A Protetora do Povo Cigano

Sarah, Sarah, Santa e amiga!
Escuta-me, eu te suplico.
Sarah, Sarah, Santa e amiga!
Ouve a minha voz,
Minha voz que reza.
Tu és de todas,
De todas as nossas viagens,
E te trazemos no nosso coração.
Tu nos devolves a coragem
Quando a infelicidade nos chega.
Nós te oferecemos lindos mantos
na Camargue das Santas Marias.
Para nós aqui tudo é mais belo.
Por que aqui nos reabastecemos de vida.
Para nossa grande peregrinação,
Tu és consagrada como uma rainha,
Vimos aqui, de tempos em tempos.
Provar-te nossa fé cristã,
Nós te confiamos nossos segredos,
Nós te apresentamos nossos filhos,
Nós te trazemos belos buquês,
Nós a beijamos com o nosso coração pulsando.
Hoje cantaremos louvores para ti,
Dançaremos ao redor do fogo.
Seremos uma só voz que sobe através de ti para Deus.
Salve Sarah, Salve Sarah, Salve Sarah.
Que Santa Sarah nos cubra de bênçãos.

---

2 *Tradução da oração realizada em Camargue/França, onde se encontra o único templo oficial no mundo – Les Maries de la Mer de peregrinação à Santa Sarah.*

Invocação Cigana[3]

Aos grandes espíritos e mentores da poderosa corrente do povo cigano.

Tornem este oráculo sagrado e abençoem-me com sua luz, para que eu possa servir como um instrumento de verdadeiro amor e sabedoria entre os homens e o Universo.

Torna-o um facilitador das mensagens divinas trazendo a consciência plena, o conhecimento das almas e as grandes adivinhações.

Inunda-o com o poder do fogo sagrado e da pura magia de todos os elementos.

Que este Tarô Cigano possa mudar o que tiver de ser mudado, aliviar as dores de quem sofre e esclarecer todas as dúvidas a partir do momento eterno do agora.

Que a energia soberana da virtude e da paz esteja presente para que eu possa produzir o bem.

Invoco a felicidade, a energia do amor e a luz da sabedoria para que a verdade seja um caminho sagrado.

Que estas cartas possam conduzir o meu coração, a minha mente e o meu espírito.

Pela divina presença do fogo, da terra, do ar e da água, consagro este Tarô e o abençoo para todo sempre.

Assim é e assim se faz.

Realizado o ritual e feita a invocação ou oração de Santa Sarah, você deverá deixar o altar montado durante sete dias consecutivos até que a vela queime por completo.

Caso a vela apague antes do tempo ou não dure o suficiente para os sete dias, recomenda-se continuar o ritual com a vela comum amarela até completar os sete dias.

---

3 *Invocação realizada por alguns ciganos para a consagração do Tarô.*

Acenda também uma vareta de incenso e repita a oração ou invocação uma vez ao dia, durante os dias do ritual.

Procure não mexer no Tarô nos dias em que a consagração estiver sendo realizada.

Caso seja necessário realizar alguma consulta por algum motivo muito urgente, faça a consulta com o Tarô e depois o coloque de volta no altar.

Depois de passados os sete dias de ritual, desmonte o altar, entregue em um lugar onde haja muito verde ou natureza (flores, jardins, lagos ou rios) junto com as sobras de todos os materiais usados.

Já as pedras, o punhal ou a adaga e as moedas deverão ser usados como amuletos de proteção durante a realização das consultas.

Consulta

Para realizar as consultas de Tarô Cigano, você deverá se utilizar de algumas orientações necessárias para que tudo corra da melhor maneira possível.

Quando fazemos a leitura e a interpretação de qualquer oráculo, estamos instantaneamente realizando um processo de troca de energia com o consulente.

Lembre-se de que, quando alguém procurar seu Tarô Cigano, as dúvidas e os conflitos são os sentimentos mais presentes no campo vibracional desta pessoa, e você deverá estar sempre pronto para ajudar sem deixar que energias de baixa vibração o afetem de alguma maneira.

O Ambiente

Geralmente, as consultas são realizadas em lugares de tranquilidade, que tragam bem-estar e aconchego espiritual.

Este lugar poderá ser na sua casa, num consultório ou onde você achar mais conveniente, porém o mesmo deve ser sempre limpo, agradável, ventilado e sem interferências externas que possam atrapalhar sua concentração.

Procure sempre fazer uso de plantas para vivificar o ambiente e filtrar as negatividades.

Cores claras e tons pastéis nos objetos e nas paredes facilitam o descanso da mente.

Algumas pessoas que atendem, pedem para que os consulentes entrem descalços na sala onde se realizam as consultas, pois isso demonstra um sinal de respeito, libera as energias e facilita a leitura. Nunca atenda em lugares tais quais: o banheiro (que guarda as energias negativas da casa), o quarto (onde seu corpo e seu espírito descansam) ou ambientes onde há brigas, desentendimentos e desarmonia entre pessoas, pois isso dificulta a ancoragem de boas energias.

O ideal é que a leitura aconteça em cima de uma mesa e nunca no chão. O tarólogo deve sentar-se em frente ao consulente para que haja uma troca direta de energia entre as duas partes.

Preparando sua proteção

É aconselhável que, sobre a mesa onde as consultas serão realizadas, use-se incensos, pedras de proteção (inclusive as pedras usadas na consagração, que já estão com sua energia impregnada e que trabalharão em seu benefício), a adaga ou punhal (também usada no ritual de consagração e que servirá para lhe proteger e cortar as energias negativas), um copo com água com um carvão dentro (este amuleto servirá como um para-raios das energias maléficas. A água e o carvão deverão ser trocados a cada sete dias), uma vela lilás ou violeta (que transmutará a energia negativa em amor elevado e aumentará a intuição).

É preciso que o Tarô, depois de consagrado, seja guardado em um saco de tecido de qualquer cor (menos de cor preta, que retém energia) e também deverá ser providenciada uma toalha sobre a qual as consultas sejam realizadas (esta toalha deverá ser específica para o uso das consultas).

Procure não fumar ou permitir que se faça uso de qualquer droga ou alucinógeno durante as consultas. Evite bebidas alcóolicas ou atender alguém que esteja embriagado. Esses fatores podem influenciar negativamente e alterar a consciência, revertendo o uso sagrado do oráculo em algo profano e sem sentido.

Alguns tarólogos fazem uso dos banhos aromáticos e de ervas para se protegerem antes de qualquer trabalho espiritual a ser realizado, outros ainda preferem passar, no sentido horário, um pouco de perfume em volta do umbigo para se fecharem contra as energias negativas.

Outra dica muito especial é colocar três folhas de louro junto ao seu Tarô toda vez que ele for guardado. As folhas de louro trazem sorte e aumentam a vidência.

Seguindo a intuição, você saberá conduzir e colocar em prática tudo que seja necessário para seu bem-estar e a sua proteção.

Iniciando a consulta

Ao iniciar a consulta, procure se despreocupar e não deixar as tensões do dia a dia tomarem conta de sua mente e de seu coração. Esteja sempre bem disposto fisicamente para atender alguém e não force nenhum movimento ou ação que seja contrário ao seu bem-estar. Mostre sempre uma postura firme, segura e confiante para que o consulente se sinta bem ao consultar o tarô e compreenda seus conselhos. Prepare o ambiente, receba a todos com muito otimismo e alegria, nunca esquecendo de que o maior de todos os dons quando nos propomos a orientar alguém é o de saber ouvir atentamente as angústias, os problemas, as incertezas e as situações que são desconfortáveis para o consulente. Mas preste atenção, pois saber ouvir não é concordar com tudo e sofrer juntamente com o outro. É preciso ouvir, orientar e ao mesmo tempo não deixar que a euforia de notícias extraordinárias fantasiem a consulta nem muito menos desanimar o consulente com mensagens de catástrofes e fracassos.

Temos a necessidade de andar pelo caminho do meio, de buscar um equilíbrio em tudo. Preocupe-se sempre em deixar as pessoas em paz de espírito por intermédio de seus conselhos e orientações. Antes de iniciar a consulta, retire aleatoriamente uma carta do Tarô Cigano para saber qual energia lhe aguarda e o que virá pela frente naquele momento, assim você poderá se preparar melhor e se precaver de algo que, por algum motivo, possa ser negativo. Um atendimento dura por volta de cinquenta minutos a uma hora. Isso varia muito de pessoa para pessoa, e o mais importante é tentar ser objetivo, passar informações concretas e deixar o consulente satisfeito. Os atendimentos podem ser cobrados, pois, apesar de ser um assunto altamente espiritual, isso exigirá horas de trabalho e empenho de sua parte.

Outro fator importante neste aspecto é que o dinheiro arrecadado com as consultas poderá ser revertido para seu próprio aprimoramento na compra de livros e cursos, levando-o sempre para um caminho evolutivo e consequentemente ajudando cada vez mais seus consulentes. Você poderá usar este dinheiro (caso não precise) para fazer doações a quem esteja precisando ou ajudar instituições sérias de filantropia.

Alguns acreditam que, cobrando o atendimento, o consulente dará mais valor ao trabalho realizado e respeitará o tarólogo em todos os aspectos.

Mas lembre-se de que o bom-senso deve prevalecer, e não procure ganhar mais do que seja justo para você. Valorize-se e lembre-se de que o dinheiro é a materialização da energia do reconhecimento e merecimento.

Atitudes abusivas e de má-fé só servirão para enfraquecer a sua aura e o seu potencial intuitivo, retirando da sua essência o que há de mais puro e cristalino.

Jogue sempre com a verdade e não tenha medo de colocar a sinceridade acima de qualquer coisa.

Afirmações do tipo "eu acho", "talvez" ou "quem sabe" não fazem parte do vocabulário de um oraculista, portanto, quando não tiver certeza, não fale.

Também não fique indagando a mesma coisa o tempo todo na tentativa de uma confirmação banal. Encare todas as mensagens com muita seriedade.

Escolha um método de triagem que seja conveniente para sua leitura e interpretação. Faça uma oração de invocação para que sua intuição esteja aberta a todo instante para captar as informações e as mensagens necessárias ao atendimento, esclareça as dúvidas do consulente e, num clima amigável, seja sempre fraterno.

Encerrando a Consulta

Terminada a consulta, retire, da mesma maneira inicial, uma carta do Tarô Cigano para que você perceba quais energias ficaram em seu ambiente, como o consulente está depois de suas orientações e se ainda existe alguma coisa para ser dita.

Acenda um incenso e deixe um pouco de ar fresco circular para limpar o ambiente de qualquer negatividade mais sutil.

É aconselhável que entre uma consulta e outra você faça uma pausa, escute uma música relaxante e tome um copo de água para renovar suas energias, pois isso ajudará a colocar sua mente em total equilíbrio e fortalecerá seu espírito para o próximo atendimento.

Ao final de cada consulta ou do dia, você poderá fazer uma oração, um mantra ou invocação de sua preferência para agradecer pelas forças que atuaram ao seu lado, conferindo-lhe sabedoria durante cada consulta.

Algumas Considerações Importantes

O Tarô Cigano pode ser interpretado a qualquer hora do dia, da noite e independe do dia da semana. Alguns respeitam muito as fases da lua e não atendem em fase de Lua Minguante, pois nesta fase a intuição fica menos aguçada. Para estas pessoas, a fase de lua minguante também é de introspecção e resguardo para que haja uma purificação do espírito.

Qualquer pessoa pode aprender e consultar o Tarô Cigano, independentemente de sexo, raça, credo ou religião.

A maioria dos oráculos não está ligada a nenhuma religião ou seita. É uma forma de comunicação entre a Divindade e o homem.

Mulheres grávidas ou menstruadas podem consultar o Tarô Cigano sem nenhum problema, pois isto não interfere no atendimento. No caso de mulheres grávidas, é preciso se precaver de energias negativas com a recomendação de banhos e orações antes de realizar a consulta para mais proteção do bebê e da mãe.

Quando uma carta sair invertida num jogo não tente interpretá-la no sentido negativo e não tenha isto como um aviso maléfico. Desvire a carta e continue normalmente a consulta.

Se acontecer de uma carta cair no chão durante o processo de embaralhamento do Tarô, saiba que a mensagem é sempre para o oraculista, que deverá interpretá-la com sabedoria para si.

Algumas pessoas poderão chegar com a vibração energética muito baixa, portanto, se você sentir necessidade de não realizar a consulta, não a faça. Peça para que o consulente volte outro dia, oriente-o da melhor maneira possível para que haja um cuidado espiritual de bem-estar e tranquilidade.

Se o jogo estiver o tempo inteiro com cartas muito negativas ou algo "começar a dar errado" na consulta, interrompa o atendimento, faça uma oração junto ao consulente e recomece. Se o problema persistir e você sentir necessidade de realizar a consulta em outro momento, não hesite em tomar essa decisão.

Referência Bibliográfica

CHEVALIER, J.; GHEERBRANT, A. **Dicionário de Símbolos**. 11ed. Rio de Janeiro: José Olympio, 1997.

COOPER, P. **Gypsy magic**: a romany book of spells, charms, and fortune telling. San Francisco: Weiser Books, 2002.

ENCICLOPÉDIA do Ocultismo. **As ciências proibidas**: Adivinhação: os segredos do vidente. Trad: Miriam Lopes Moura. Vol. 6 Rio de Janeiro: Século Futuro, 1987.

ENGE, Erna Droesbeke von. **The Oracle of Mele. Lenormand**. English Translation by Howard Fine. Germany: Urania Verlags AG, 1989, 141p.

KAPLAN, S. R. **Tarô clássico**. 9ed. São Paulo: Pensamento, 1999.

KAPLAN, S. R. Mele Lenormand. **Fortune Telling Cards.**

Instruction Booklet. Switzerland: AGM Müller, 1970.

LORELEI, L. **Gypsy fortunes**: use the magic of romany cards to foretell the fortune. s/l: Barrons Educacional Series Inc., 2003.

MANTOVANNI, A.; BENNKER S. **Tarô das bruxas**: os 22 caminhos sagrados. São Paulo: Madras, 2004.

MARTINEZ, M. F. **Cartas ciganas**: a estrada da vida. São Paulo: Pensamento, 1997.

OUSPENSKY, P. D. **The symbolism of the tarot**. New York: Dover Publications, 1976.

PARKER, J. **Gypsy fortune telling cards**. London: Quadrille Publishing, 2004.

PLACE, R. M. **The tarot**: history, symbolism, and divination. Los Angeles: Jeremy P. Tarcher, s/d.

NOTA DO EDITOR

Sobre o Autor

André Mantovanni realiza atendimentos personalizados sempre visando a oportunidade de autoconhecimento, encontrar caminhos e direcionar a vida em todas as suas dimensões através da ampliação da consciência:

- *Tarô*
- *Búzios*
- *Roda Kármica (vidas passadas)*

As consultas pessoais presencial, por telefone ou skype devem ser agendadas com antecedência por telefone: 11 3663-1775 (Segunda a Sexta, das 10h às 18h)

Acesse: www.andremantovanni.com.br